KB113622

정전협정

차례
Contents

정전협정 체결 61주년이 흐르다

1953년 7월 27일 유엔군과 공산군 양측이 정전협정을 체결한 지도 지난 2013년에 벌써 60주년을 지났다. 오늘날까지 한반도에 평화가 정착되지 못한 채, 돌아오지 못한 국군 포로, 납북자, 이산가족 등 가장 기본적인 전쟁 유산조차 마무리가 되지 않고 있다. 더욱이 서해에서 계속되는 충돌과 북한의 핵개발 문제 등으로 긴장과 갈등이 끊이지 않는 불안정한 정전체제가 지속되고 있다.

정전체제는 정전 이후 한반도 평화 구조를 제도적으로 뒷받침하는 것으로, 관련 국가의 팽팽한 이해관계가 응축되어 있는 국제적 실체이다. 지금까지 60년이라는 기간은 정전협정의 준수만으로도 남북한의 군사적 긴장이 완화되어 평화체제로 이행단계에 진입할 수 있는 충분한 시간이었다.

물론 그동안 남북한 당국은 상호 적대의식을 극복하여 통일을 도모하려는 일련의 노력으로 1972년 자주·평화·민족대단결이라는 평화통일 3대 원칙을 밝힌 7·4 남북공동성명을 비롯해 1992년 '남북 사이의 화해와 불가침 및 교류 협력에 관한 합의서' 즉 남북기본합의서, 2000년 '6·15 남북공동선언' 등에 합의했다. 핵문제에 대해서도 북미 제네바 합의 이행 프로세스에 합의했다. 특히 남북공동선언 이후 남북한 화해협력이 진전되어 남북 이산가족의 상봉이나 개성공단, 경의선 철도 복원 등의 긍정적인 성과가 있었다. 이에 따라 남북한 갈등이 약화되는 듯했으나, 여전히 남북·북미 간 군사적 대치와 적대 관계가 되풀이되면서 한반도를 둘러싼 분단질서가 유지되고 있다.

북한의 핵개발 이전까지 지상 군사분계선과 해상 경계선은 전쟁 이전 남북을 분단한 38도선의 변형된 형태로 정전 후 한반도 군사적 대결과 갈등의 상징이었다. 지난 60년간 정전체제의 불안정성은 휴전협상의 논란에서 비롯된 것이다.

휴전회담의 의제를 정할 때, 공산 측 대표는 모든 극동 사태의 처리를 포함한 정치회담을 제기했으나, 유엔군 측은 한국의 군사 문제에 국한할 것과 정치 문제는 군 사령관의 권한 외에 있다고 주장했다. 회의는 난항을 거듭한 끝에 1953년 7월 하순에 이르러 5개항의 의제에 합의했다. 즉, 제1항은 회의 의제 선택, 제2항은 군사분계선 설정, 제3항은 전투 행위와 정전 상태를 감시하기 위한 기구 설치 문제, 외국군 철수 문제 등 휴전을 실현하기 위한 구체적 협의, 제4항은 전쟁포로의 교환에 관한 문제, 제5항은 양측의 관계 제국 정부에 대한 건의 등이었다.

이상의 휴전 의제 가운데, 군사분계선 문제는 비무장지대의 무장화와 서해 북방한계선(NLL, Northern Limit Line)을 둘러싼 잦은 충돌로 남아 있고, 정전협정의 준수를 감시하는 사항은 군사정전위원회와 중립국감독위원회의 무력화로 남았으며, 포로와 납북자 문제는 미귀환 국군포로와 피랍자 문제 등으로 남아 있다.

남북 화해와 한반도 평화를 위해서는 전쟁을 일으킨 데 대한 사죄와 반성이 진정한 남북 관계의 출발점일 것이다. 그러나 전쟁 책임론에 치중하다 보면 남북 간에 아무것도 이루지 못하게 만들 우려도 있다. 따라서 이 책은 전쟁 책임이나 전쟁 중 일어난 수많은 학살 사건은 포함하지 않고, 휴전협상에서 논쟁점이 되었던 군사분계선, 포로, 감시기구 등이 정전 60주년이 지나도록 여전히 해결되지 못하고 있다는 문제의식으로 접근하고자 했다.

휴전협상의 전개와 반대 운동

6·25 전쟁은 협상 전쟁(a talking war)

북한의 남침 이후 1년간의 전투에서 유엔군이나 공산군 양측은 무력으로 상대방을 제압하는 것이 불가능하다는 사실을 인정하면서 휴전을 구체적으로 모색했다. 즉 중국군의 개입으로 남북한 어느 일방도 결정적인 승세를 확보하지 못한 채 일진일퇴를 거듭하여 38도선 부근에서 전황이 교착되면서, 휴전협상이 시작되었다.

휴전 제의는 김일성의 남침 직후 유엔(UN, United Nations)에서 곧 제기했다. 유엔은 북한의 군사적 도발을 비난하는 동시에, 정전을 위한 담판을 호소했다. 먼저 인도가 중재를 시도했으나 아무런 성과를 거두지 못했다. 영국 정부도 소련에 북한군이 38도선 이북으로 철수하도록 설득하기를 희망했고, 평화회담을 통한 한국 문제 해결을 제안했다. 이 요구에 대해, 스탈린(Iosif V. Stalin)은 '후안무치'하다고 비난하고, 중국과 북한 양국 정부에 영국의 이와 같은 제안을 단호하게 거절해야 한다고 통보했다. 북한군이 남진을 거듭할 때, 소련은 정전에 대한 어떠한 제안에도 귀를 기울이지 않았다. 미국 정부도 북한군의 남진을 막아 내지 못하고 있었지만, 공산 측과 협상하는 데 동의하지 않았다.

1950년 10월 중국군 개입 이후에도 아시아·아랍 13개국은 중국과 북한에 대해 38도선 이남으로 남하하지 말 것을 요청하면서, 휴전을 주선할 3인위원회의 설치를 제안했다. 이를 공산 측이 거부하자, 3인위원회에서는 즉시 휴전협정, 외국군 철수 등 5개 항을 유엔정치위원회에 제출하여 1951년 1월 13일 가결시켰다. 그러나 중국군이 크게 승리하고 있었으므로 마오쩌둥(毛澤東)과 김일성은 이 협상안을 진지하게 고려하지 않았다. 더욱이 통일에 조바심을 느낀 김일성은 국군과 유엔군의 반격 이후 다시 물러난 중국군에 38도선 이남으로 남진할 것을 촉구했다.

본격적인 6·25 전쟁 휴전회담은 1951년 6월 하순 유엔

공산 측 휴전회담 대표인 이상조, 김원무, 차이청원(柴成文)(1951.12.17.)

소련대표 말리크(Yakov A. Malik)가 "38도선으로부터 군대의 상호 철수를 규정하는 휴전"을 유엔군 측에 제의하자, 리지웨이(Matthew B. Ridgway) 유엔군 사령관이 공식으로 휴전회담 개최를 제의함으로써 본격 시작되었다. 이때 유엔군 사령관과 북한군 및 중국군 사령관이 주체가 되어 협상에 들어갔다.

휴전협상을 시작할 때, 양측은 협상이 오래 걸리지 않을 것으로 생각했으나, 1951년 7월 8일 연락장교회의를 시작으로 1953년 7월 27일 휴전협정이 조인될 때까지 무려 25개월이 걸렸다. 이 동안 모두 500여 회가 넘게 회의가 열렸고, 여기에 소요된 시간도 거의 1,000시간이 걸렸다. 이 때문에 6·25 전쟁을 협상 전쟁이라고 부르기도 한다.

처음 휴전회담 장소로 리지웨이 유엔군 사령관이 원산항에 정박할 예정이던 덴마크 병원선 유틀란디아(Jutlandia)호로 제의했다. 이에 대해 공산 측은 정전협정 본회담 장소를 자신들이 점령한 곳에서 개최하고자 했다. 1951년 7월 2일 김일성과 펑더화이(彭德懷) 중국군 총사령관이 답신에서 회담 장소로 개성을 제의했고, 3일 리지웨이 유엔군 사령관도 동의하면서, 개성 내봉장에서 회담이 진행되었다.

유엔군 협상대표단은 회담이 끝나면, 문산리 동편 사과밭에 있는 '평화촌'으로 철수했다. 그런데 공산 측이 그들이 점령한 개성에서 협상이 진행되는 동안 협상자라기보다는 승리자로서 행동했기 때문에, 1951년 12월 유엔군 측 요구로 회담 장소를 개성에서 판문점으로 옮겼다.

한국의 휴전 반대 운동

미군의 신속한 개입과 유엔군의 참전으로 국군과 유엔군이 38도선을 넘어 압록강까지 진출하게 되자, 한국인들은 통일까지 기대했다. 이 때문에 이승만 대통령을 비롯한 국민들은 휴전협상을 크게 반대했다. 남침으로 수많은 인명과 재산 손실을 겪은 국민들은 그 화근인 북한 정권이 존재하는 한 재건과 통일은 불가능하다고 여겼다. 이미 전화(戰禍)를 크

인천 상륙작전 성공 직후, 실지회복 경축대회
(1950.9.20, 출처: 이승만연구원)

게 입었으므로 장래 북한에게 재침략의 기회를 주느니 전쟁
이 계속되더라도 통일이 되기를 바랐다. 이는 침략자에 대한
당연한 응징으로 생각했다.

한편 휴전협상의 실질적인 주역인 미국은 전쟁을 조속히
끝내기를 바랐던 반면, 스탈린은 한반도에서 미국을 묶어 놓
기 위해 전쟁이 지속되기를 원했다. 북한은 미군의 계속된
공습으로 피해가 커지자 조기 종전을 원했다.

휴전회담이 제안될 무렵인 1951년 6월 27일 이승만 대통
령은 한국을 분할하는 평화안을 절대 수락할 수 없다는 입
장을 밝히면서, "그 문제를 해결 지으려면 반드시 한국민에
대한 공산 침략이 장차 또다시 일어나지 않으리라는 확실한
보장을 주어야 한다"라고 요구했다. 같은 해 6월 30일 휴전
협상 조건으로 "중공군의 한반도로부터의 완전 철수, 북한
군 무장 해제, 제3국의 북한 공산당에 대한 군사적이나 재정

적인 원조 방지, 한국 문제를 다루는 국제회의에는 항상 한국 대표가 참석, 한국의 주권이나 영토를 침범하는 어떠한 안이나 행동도 적법한 것으로 인정하지 않을 것" 등 5개 사항을 주장했다.

이러한 이승만 대통령의 북한군 무장 해제, 중국군 철수 등의 주장은 휴전협상 자체를 불가능하게 할 수 있는 일방적인 입장이었으므로, 워싱턴의 그 누구도 귀를 기울이지 않았다. 미국 정부는 협상에서 한국 정부를 무시하고 배제했다. 백선엽 소장을 비롯한 한국군 대표가 휴전협상에 참석했지만, 옵서버에 불과해 회담장에서 그들이 할 수 있는 일이라고는 마주 앉은 상대를 노려보는 것뿐이었다.

1952년 4월 10일에는 부산에서 5만여 명의 학생들이 "통일이 아니면 죽음을 달라"는 시위를 벌였고, 이승만 대통령은 같은 해 4월 14일 "나는 분단을 고착화하는 어떤 휴전에도 계속 반대한다"라고 선언했다. 이렇듯 휴전 반대 궐기대회가 전국적으로 계속되었지만, 한국의 휴전 반대 운동은 휴전협상 전개에 장애가 되지 않았다.

휴전 반대를 넘어 북진통일론

1952년 9월 7일 임기를 마치고 한국을 떠나는 무초(John

Muccio) 주한 미국 대사에게 이승만 대통령은 북한에 대한 완전 해방 의지를 여전히 나타냈다. 아이젠하워(Dwight Eisenhower) 대통령이 그 해 12월 초에 한국을 방문하자, 한국군의 수뇌는 물론 정부 당국도 '휴전협상 반대'의 범국민 궐기가 열매를 맺을 것이라고 기대했다. 당시 미 제9군단 부군단장이었던 정일권 중장은 만주 지역을 포함한 대규모 공세 작전인 맥아더의 전략이 아이젠하워 후보의 당선으로 햇볕을 보게 될 것이라고 희망하면서, 한국전선을 방문했던 아이젠하워 대통령 당선자에게 이 의견을 제시했다. 이는 그에 대한 기대의 표현이지만, 그가 '한국 휴전'을 공약으로 당선되었다는 사실을 간과한 것이었다.

1953년 신년사에서 이승만 대통령은 여전히 수백만 명의 애국동포 구출에 더 이상 늦추어서는 안 되고, 필요하다면 단독으로라도 이북까지 진격할 것이라고 선언했다. 그는 한국은 압록강을 따라 방어하기가 훨씬 쉬울 것이라고 주장했다. 그러나 이러한 노력이 그다지 성과를 거두지 못한 채, 1953년 4월 27일 상병포로의 교환이 끝나면서, 교착되었던 휴전회담이 재개되었다. 이때까지만 해도 한국 정부는 막연히 중국이 정전을 바라지 않아 전쟁이 계속될 것이며, 국토 통일의 기회는 사라지지 않을 것으로 기대하고 있었는데, 이미 휴전 단계에 이르렀다.

한국 정부는 통일 없는 휴전 반대 운동을 강화했다. 1953년 4월 중순, 이승만 대통령은 각 군 참모장을 비롯하여 육해공군의 고급 장교 18명을 소집하여, 유엔군이 통일 없는 평화를 모색한다면, 유엔군 사령부로부터 국군을 탈퇴시키고 단독으로 싸울 것을 결의했다. 임병직 유엔대사는 이승만 대통령에게 휴전회담의 전개에 대해 미국이 공산 측의 음모를 알지 못한다고 하면서, "단지 제2의 진주만 사건과 같은 보다 결정적인 사건만이 그들을 일깨울 것이며, 이제 우리의 적들뿐만 아니라, 우방과도 싸워서 질서를 잡아 주자"라고 주장했다. 그러나 이 시기는 이미 휴전협상의 타결 시점에 있었으므로 휴전회담 자체를 봉쇄하기는 어려웠다.

이승만 대통령은 1953년 5월 7일 미국 INS(International News Service) 통신과의 회견에서 "통일된 한국이 보장되지 않는 휴전은 수용할 수 없다. 필요하다면 한국군 단독으로라도 북진하겠다"라는 단독북진론을 재차 내세웠다. 같은 해 5월 14일 변영태 외무부 장관도 한국군은 유엔군사령부에서 휴전에 조인을 한다 해도 이에 얽매이지 않고, 제네바 정치회의를 기다림이 없이 북진할 권리가 있다고 선언했다. 그 다음 날인 5월 15일 이승만 대통령은 중국군을 몰아내지 않으면 협상은 성공하지 못할 것이며, 한국 단독으로 싸워야 한다고 강조했다. 백두진 국무총리도 한국을 분단한 채 이루어진 평화협상이 3개월을 지속할 수 없으므로, 그런 부질없는 조치를 막아야 한다고 주장했다.

하지만 이러한 방안은 미국의 강력한 견제와 한국군의 독자적인 능력의 결여로 실행하기 어려웠다. 먼저 미국 정부는 한국군의 유엔군 탈퇴를 막기 위하여 이승만을 제거하려는 강력한 대응책(Everready Plan)을 수립했고, 심지어 한국에서 유엔군의 철수를 내세워 위협하기도 했다. 현실적으로 한국군의 단독북진론은 미국의 반대를 돌파해야 하는 어려움 외에 탄약과 무기의 보급이 어려웠다. 당시 국군은 미군의 지원 없이는 단지 3일간의 공격을 할 수 있는 탄약밖에 없었다.

북진통일 궐기대회(1954.4.26, 중앙청, 출처: e영상역사관)

1954년 7월 28일 미국을 방문한 이승만 대통령은 상하 양원 합동 의회에서 휴전을 지혜롭지 못한 것으로 평가하면서 "반쪽은 공산주의, 또 다른 반쪽은 민주주의로 나뉜 세상에서 평화는 회복될 수 없다"라고 강조했다. 그는 4·19 혁명으로 물러날 때까지 정전협정의 준수 대신에 무력에 의한 북진통일론을 포기하지 않았다.

군사분계선과 비무장지대 설정

38도선 대 접촉선

휴전협상에서 유엔군과 공산군 쌍방이 벌인 정전선 논쟁은 군사분계선을 어디에 설정하느냐 하는 것이었다. 양측의 팽팽한 대립으로 이 문제를 타결하는 데에만 4개월이 걸렸다. 공산 측은 자신들에게 유리한 군사분계선으로 38도선을 내세웠지만, 유엔군 측은 38도선을 경계로 하는 것을 거부하고 해·공군 전력의 우세를 반영해 당시 전선으로 해야 한다고 주장했다.

휴전회담이 시작되기 전인 1951년 6월 13일 마오쩌둥은

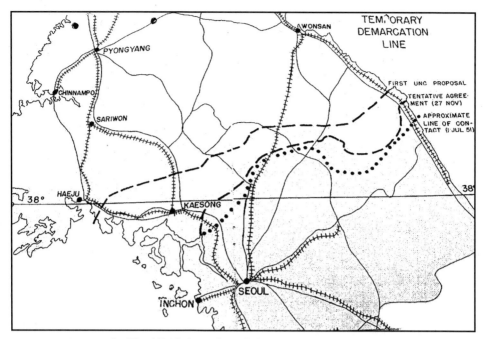

1951년 7월 접촉선과 유엔군 사령부의 임시 군사분계선 제안

"휴전을 위한 조건으로 38도선에서 경계선을 복구하며 북한과 남한으로부터 일부 지대를 중립지대로 설정하는 것"이라고 의견을 제시했다. 같은 해 6월 23일 말리크 유엔 주재 소련 대표도 정전을 제안하면서 "조선 문제를 화평적으로 해결하는 첫째 절차는 교전쌍방이 정화(停火)와 휴전을 담판해야 하며 쌍방은 38도선에서 군대를 철퇴시켜야 한다"라고 주장했다. 1951년 7월 10일 첫 회의에서 남일(南日) 공산 측 수석대표는 38도선을 군사분계선으로 확정하고 쌍방의 무장부대는 동시에 38도선에서 10킬로미터를 철거해야 한다는 의견을 제기했다.

유엔군 측은 공산 측의 38도선 제안을 물리치고 1951년

7월 26일, 제공권과 해군력의 우세를 반영하여 당시 전선보다 18~50킬로미터 북쪽에 군사분계선을 제안했다. 이 안은 개성, 옹진, 연안 등지가 포함되었다. 백선엽 장군은 유엔군 측 협상대표들과 내부회의에서 휴전선을 평양~원산선으로 주장했다고 회고했다. 그는 "목표를 그렇게 정해 놓고 밀고 올라가자는 생각으로, 서울의 생명줄인 한강을 '죽은 강'으로 만들지 않으려면 적어도 예성강은 차지해야 한다"라는 입장이었다고 기억했다.

이에 대해 공산 측은 유엔군 측이 해·공군의 우세를 내세워 당시 전선보다 북방의 영토를 확보하려는 '보상선'의 논리라고 비난했다. 오히려 유엔군 측이 참패를 만회하기 위해 군사분계선을 38도선 이북으로 확장하려는 황당한 요구라면서, 비무장지대를 38도선 훨씬 북쪽에 설정하려는 것은 한반도의 1/20에 해당하는 1만 3,000제곱킬로미터의 넓은 지역을 강탈하려는 시도라고 비판했다. 저우언라이(周恩來) 중국 총리는 1951년 7월 28일 "1950년 패퇴 시에는 대구까지 밀렸고, 1951년 패퇴 시에도 남한강에 이르렀는데 해·공군 우세를 어떻게 반영하느냐"면서 38도선을 군사분계선으로 주장하도록 중국군 협상 대표에 지시했다.

미국 측도 중국군이 남진할 때 38도선에서 휴전을 모색한 적이 있었다. 당시 미국 국가안보회의(National Security

Council)는 휴전에 관한 군사적 조건을 검토하면서, 38도선 부근을 남방경계선으로 한 20마일(약 32킬로미터) 폭의 비무장지대의 설치 등을 포함시켰다. 애치슨(Dean Acheson) 미국 국무장관은 상원 맥아더 청문회에서 군사적 관점으로 본다면 38도선에서의 휴전을 접수할 수 있다고 말했다. 또한 만약 새로운 침략이 없다는 보장만 있다면 38도선 정전도 수락할 수 있다는 입장이었다. 그는 1951년 6월 초 미국 상원 군사외교합동위원회에서 "한국 전쟁이 어느 지점에서 종결하든 간에 이는 미국에게 별다른 의미가 있는 것은 아니다. 요는 중국군이 다시 되돌아와 전쟁할 의욕과 욕망을 갖지 않은 곳에서 해결이 이루어질 것인가 혹은 이루어지지 않을 것인가가 문제이다"라고 보충 설명을 했다.

전쟁 전 38도선의 의미는 냉전체제의 상징이었으나, 북한군의 38도선 남침에 이어 중국군의 38도선 남진으로 그 정당성은 사라졌다. 북한의 38도선 인식은 "나라가 해방된 그 시각으로부터 미국 놈들이 만들어 낸 38도선"이라는 분열의 철조망이었다. 그들은 미국이 이 땅의 허리에 38도선이라는 역사의 치욕스러운 분계선을 그어 놓았다고 주장했다. 이러한 논리라면 북한 측은 38도선을 선호하지 말아야 했을 것이다.

한국 정부와 국민은 휴전 반대 속에 38도선 안(案)에 적극 반대했다. 6·25 전쟁으로 벌써 없어진 38도선을 부활시켜 우리 민족의 원한인 경계선을 다시 존치하려 하는 것은 공산당을 도와서 재차 전 한국 점령의 야망을 달성하게 하는, 적을 이롭게 하는 행위라고 비난했다. 이승만 대통령은 1951년 8월 6일 군산에서 열리고 있는 '정전 반대 총궐기대회'에서 38도선은 영영 없어야 하며 압록강 이남에 선을 그어 우리 국토를 분리하는 어떠한 결정도 절대로 반대한다고 주장했다.

미군이 군사분계선으로 38도선을 반대하는 이유는 침략전 상황으로 복귀하는 것에 그칠 뿐이어서 정치적 손실을 야기할 것이라는 점이 컸다. 미국 정부도 내부적으로 38도선을 분계선으로 수용하면, 타협 이후에 나타날 수 있는 미국 내 한국 원조 열정이 감소하여 한국의 생존에 필요하고 충분한 지지 수단을 계속 제공하는 데 어려움을 줄 수 있다고 인식했다. 또한 중국과 북한 공산주의자들이 미국, 영국, 캐나다, 프랑스 등이 포함된 16개 국가들에 대항하여 군사적 성과 이상의 것들을 얻어 냈다는 인상을 줄 것이라는 점을 우려했다.

미국 측은 군사분계선 설정 과정에서 군사적으로 전후 방어에 유리한 곳을 확보하려는 방침을 정했다. 1951년 7월 24일 마셜(George C. Marshall) 국방장관이 "방어할 수 있는 군사분계선"을 언급해, 군사분계선은 수비할 수 있는 분계선이어야 한다는 뜻을 나타냈다. 같은 해 11월 5일 리지웨이 유엔군 사령관은 이승만 대통령에게 "분계선은 반드시 군사적으로 방어되어야 한다"라는 논리로 설득했다. 미 군부는 휴전선이 방어할 수 있는 군사경계선이라야 한다는 점에 의견이 일치했다. 이종찬 육군총참모장도 당시 접촉선이 38도선보다는 지리적으로나 인위적인 방어 설치로 보아 보다 유리한 선이라고 파악했다. 즉 연백, 개성 등지의 평야지대를 방어하려면 더 많은 병력이 소요된다는 미군의 방어 전략에 수긍했다.

1951년 10월 유엔군이 동부전선에서 공산군에게 심각한 타격을 가하여 38도선 훨씬 북방에 위치한 펀치볼(Punchbowl)을 비롯한 고지를 점령하자, 같은 달 25일 재개된 휴전협상에서 더 이상 38도선을 고집하지 않게 된 요인이 되었다.

1951년 8월 23일 중단되었던 휴전회담이 판문점에서 재개되었다. 이날 제2분과위원회 회의에서 호데스(Henry Hodes) 소장은 접촉선에 의한 비무장지대 설정을 재확인했다. 이에 대해 이상조 북한군 소장은 공정하고 합리적인 제안이 아니라고 반박했다. 같은 달 27일 버크(Arleigh A. Burke) 유엔군 대표는 지상접촉선에 기초한 군사분계선에 대해 더 이상 양보가 없다고 강조했다. 그러나 1951년 11월 하순에 이르러 유엔군 측은 당시 군사적인 접촉선을 주장하면서 전선에 해군력과 공군력을 반영시켜야 한다는 당초의 주장을 포기했고, 공산 측도 38도선을 철회함으로써, 양측은 대치선을 군사분계선으로 한다는 원칙에 합의했다.

그런데 양측이 군사분계선 설정 합의에도 불구하고 "휴전협정 체결 시까지 전투를 계속한다"라는 원칙을 고수함에 따라, 이후 고지쟁탈전은 장기간 계속되었다. 또한 동서 해안의 해상경계선에 대해 남북한 사이에 명시적인 합의가 없어서 훗날 연평 해전과 같은 해상 분쟁이 발생하는 요인이 되었다.

비무장지대 4킬로미터는 너무 좁아

정전 후 비무장지대는 세계에서 가장 요새화된 전선이 되었다. 비무장지대의 폭이 좁은 데에다가 사실상 무장화하였기 때문에, 불과 4킬로미터를 사이에 두고 남·북한군의 대치 상황은 늘 긴장감을 고조시키고 있다.

1951년 7월 26일 휴전협상에서 쌍방은 전투행위를 정지하는 기본 조건 아래 양군 사이에 비무장지대를 설치하기 위해 군사분계선을 설정하자는 의제에 합의했다. 완충지대로 공산 측이 10킬로미터를 제안했고, 유엔 3인위원회와 미 합참에서도 20마일(약 32킬로미터)의 설정을 구상했다.

이러한 완충지대가 휴전협상에서 4킬로미터로 축소되는 과정을 살펴보면 다음과 같다. 미 합참이 국가안보회의의 요청으로 1950년 12월 12일 휴전에 관한 군사적 조건을 검토한 결과, 비무장지대는 대체로 20마일의 폭과 38도선을 따르는 남방한계선을 가진 지대가 되도록 했다. 이미 1951년 6월 초 정전협상이 시작되기 전인 1951년 유엔 파병 14개국이 주장한 방안은 대개 38도선에서 정전한 후 이북 20마일에 완충지대를 만들고 유엔 감시 아래 통일선거를 하자는 것으로 예상되었다.

1951년 7월 10일 회의에서 남일 공산 측 수석대표는 38도선을 군사분계선으로 확정하고 쌍방의 무장부대는 동시에 38도선에서 10킬로미터를 철거해야 한다고 제안했다. 이미 7월 초 마오쩌둥과 김일성은 전신(電信) 협상을 통해 스탈린의 의견을 물었을 때, 스탈린은 휴전회담에서 "38도선 남북 10킬로미터를 비무장지대로 삼는다", "한반도에서 교전했던 모든 외국 군대는 몇 차례로 나누어 모두 한반도에서 철수한다" 등의 방침에 동의했다.

같은 해 7월 29일 남일은 "쌍방은 38도선을 군사분계선으로 하고 각각 38도선으로부터 10킬로미터를 철거하여 비무장지대를 건립하자"라는 제안이 "조선 전장의 군사 실세에

부합될 뿐만 아니라 쌍방에 대하여 모두 공평합리하며, 동시에 조선 문제를 화평적으로 해결하는 데 유리하므로 이번 정전 담판의 기초로 삼아야 한다"라고 주장했다. 그는 유엔군 사령부에 대해 해·공군의 무차별 폭격의 효능을 자랑하여 단편적으로 유리한 작전지구를 얻으려는 어떤 기도든지 담판 중에 가질 태도는 아니라고 비판했다.

당시 조이(Turner Joy) 유엔군 수석대표는 전투가 벌어지고 있는 접촉선(Line of Contact)을 분계선으로 제시하면서 남북 각각 20마일(약 38.6킬로미터)의 비무장지대를 설정하자고 제안했다. 그러나 1951년 10월 25일 재개된 협상에서 비무장지대의 폭을 4킬로미터로 할 것을 공산 측에 제안했다. 이미 미 육군부에서는 비무장지대 폭이 최소한 4킬로미터는 되어야 한다는 입장을 정했다. 이렇게 축소된 이유는 리지웨이 유엔군 사령관이 휴전협상을 위한 중립지대 침범 논란을 의식해서 중립지대를 가급적 줄이기를 원했기 때문이었다.

1951년 10월 26일 이상조 북한군 소장은 양측이 각각 5킬로미터를 철수하여 이 지대를 적대 행위를 방지하기 위한 적절한 규모의 비무장지대로 할 것을 제안했다. 이상조는 같은 해 10월 31일 양측이 당시 전선으로부터 완충지대로 2킬로미터씩 철수하자고 제안했다. 이는 공산 측이 그동안 주장했던 38도선으로부터 당시 접촉선으로 수정하면서 완충지

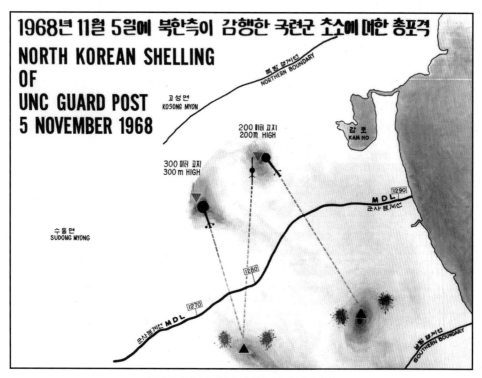

군사분계선과 남·북방한계선 일부

대의 폭을 줄인 것으로, 이로써 비무장지대의 폭은 사실상 4킬로미터로 합의된 셈이었다.

1951년 11월 5일 휴전회담에서 유엔군 대표는 비무장지대는 약 4킬로미터 폭으로 할 것, 정전경계선 및 비무장지대를 정확히 결정하기 위하여 쌍방으로부터 각각 3명의 장교로 구성되는 위원회를 설치할 것 등을 제안했다. 결국 1951년 11월 27일 양측은 대치선을 분계선으로 한다는 원칙에 합의하면서, 각각 2킬로미터씩 후퇴할 것임을 규정했다.

비무장지대는 양측의 완충지대 혹은 중립지대로서의 의미가 매우 크다. 그러나 그 폭은 비무장지대를 안정화하는 데 충분한 공간이 아니었다. 정전 후 군사분계선을 따라 좌우로 이어진 철책 너머 불과 1.5킬로미터 내외의 전방에 북한의 초소와 철책이 위치하고 있다. 강원도 화천군 내 비무장지대의 경우는 700~800미터에 지나지 않는다.

'군사경찰'은 비무장지대의 무장화 시작

정전협정의 효력이 발생한 지 72시간 내에 비무장지대에서 모든 병력을 비롯해 무기와 장비가 철거되고, 45일 이내에 폭발물, 지뢰, 철조망, 요새, 진지 등이 제거되면서 비무장대가 설치됐다.

그러나 155마일(약 250킬로미터) 휴전선상에는 소리 없는 전쟁이 계속되고 있다. 비무장지대를 벗어나 38도선의 50마일(약 80킬로미터) 이내에 양측의 병력이 밀집 배치되어 있다. 북한은 특수군을 포함해 전군의 60퍼센트 이상을 전진 배치하는 등 휴전선 인근 전방에는 쌍방이 군사력을 일렬 횡대로 배치하고 있다. 거의 10미터당 남북한 군인 수십 명이 대치하고, 각종 무기가 배치되어 있다.

더욱이 비무장지대는 사실상 무장화한 곳으로, 전혀 비무장 지역이 아니다. 정전협정에 따르면, 비무장지대 안에 군사시설의 설치를 금지하지 않았으므로, 양측에 의해 점차 중

무장지대가 되었으며, 더 이상 남·북방한계선의 의미는 상실되었다.

비무장지대의 무장화는 협상 당시부터 여지가 있었다. 1951년 10월 25일 휴전협상 의제(議題) 2분과위원회 회의에서 호데스 소장은 "비무장지대는 무장병력이 있어서는 안 된다(no armed forces)"라고 말하면서, 다만 양측은 자신들의 병력을 안전하게 보호할 권리는 있을 수 있다고 설명했다. 이에 대해 이상조 북한군 소장은 비무장지대가 중립지대이므로 무장병력이 없어야 하지만, 질서 유지를 위한 경찰이 있어야 한다고 대응했다. 주둔할 병력 수, 방어 지역 건설, 무기 종류 등은 보안을 보장하기 위해 고려되어야 한다고 덧붙였다.

같은 해 10월 26일 회의에서 비무장지대의 관리에 대해 이상조 북한군 소장은 유엔군 측이 철수한 지역은 유엔군이 관리하고, 자신들이 철수한 지역은 자신들이 관리하는 것이 합리적인 안이라고 주장했다.

결국 정전협정 제10항은 '민사행정 및 구제사업'을 집행하기 위해 각각 1,000명을 초과하지 않는 '군인 또는 사민(私民)'으로 구성된 민사행정경찰이 비무장지대에 들어간다고 규정하고 있다. 여기서 말하는 민사행정 및 구제사업이란 군인이 아닌 민간경찰이 투입돼 비무장지대를 관할하고, 만일 민간인들이 실수로 비무장지대 안으로 들어오면 그들을 도와 비무장지대 밖으로 유도한다는 것이었다. 물론 군인 및 군대의 출입은 금지하기로 되었다.

1953년 7월 28일 군사정전위원회 제1차 회의에서 북한과 중국 대표는 정전협정의 효력이 발생한 후 72시간 이내에 양측이 민사행정경찰을 포함한 경찰 인원을 각기 비무장지대에 파견할 것을 제안했다. 이때 민사행정경찰은 권총, 보총(보병총), 수류탄, 토미총(기관단총) 및 카빈총만을 휴대할 것을 제안했다. 이어서 29일 회의에서는 총포 사격이 있었다고 항의하면서 비무장지대의 질서 유지를 위해 조속히 민사행정경찰을 투입할 것을 촉구했다.

이에 따라 1953년 7월 30일 유엔군 측에서는 비무장지대 행정 및 구제 인원으로 1,000명의 경찰 인원의 투입에 동의했다. 민사행정경찰의 휴대무기로 공산 측이 권총과 카빈총 외에 토미총을 주장했으나, 유엔군 대표는 권총과 카빈총으로 한정할 것을 강조했다. 결국 양측은 1953년 7월 31일 권총과 자동식 보총이 아닌 단발식 보총만으로 하자는 안에 동의했다. 공산 측은 민사행정경찰의 휴대무기로 자동식 보총을 제외하고, 다발총을 허용할 것을 주장했다.

1953년 7월 휴전 직후 군사정전위원회 제3차 본회의에서 유엔군 측은 군사경찰을 사용하여 민사행정경찰의 직무를 수행하는 것에 반대하지 않는다고 동의했다. 이때 민사행정경찰 대신에 군사경찰(헌병)들을 우선 투입하다가 민사행정경찰로 교체한다는 합의는 많은 문제를 내포했다. 양측이 모두 이를 협정대로 이행하지 않고, 이른바 헌병을 '비무장지대 경찰'이라 부르며 계속 비무장지대에 주둔시켰던 것이다.

따라서 경찰이 아닌 실제 전투 인원들이 헌병 혹은 경무(북한) 완장을 차고 비무장지대를 관할하는 바람에 결국 진정한 의미의 비무장지대는 없어지고 말았다. 전쟁 전에 38도선 충돌을 예방하기 위해 경찰을 최전선에 배치하고, 그 다음에 국군 병력을 배치한 적이 있었으나, 이러한 경험이 활용되지는 못했다.

비무장지대에 점차 전투 병력이 투입됐고, 1959년 여름부터 북한 측이 비무장지대 초소들을 요새화하기 시작했다. 이에 대해 유엔군 측은 1959년 12월 4일 야전용 진지구축은 적대 행위라면서 비무장지대 내에 진지구축을 중지하고 이미 구축된 진지를 해체시킬 것을 요구했다. 1960년 4월 19일 제117차 회의에서도 재차 요구하자, 공산 측은 민사행정경찰의 초소이므로 그 형식이나 규모에 관해서는 전적으로 내부 문제라고 반박했다. 그 후 1965년 무렵부터는 비무장지대 내 대부분의 초소가 요새로 바뀌었다.

전쟁으로 '개성'을 빼앗기다

전쟁 전 개성 모습

개성은 38도선 아래에 위치하고 있으므로, 전쟁 이전에는 남한에 속했다. 북한군이 남침할 때 38도선에서 15리(약 5.89킬로미터) 이남에 위치한 개성은 5시간 만에 빼앗겼다. 이후 인천 상륙작전의 성공으로 국군과 유엔군이 북진하면서 수복했으나, 중국군 개입 이후 다시 빼앗긴 후 현재에 이르고 있다.

일제 시대에도 학생들은 천년고도인 개성에 수학여행을 갔고, 일반인들은 개성 복숭아꽃 구경을 즐겼다. 그러나 해

개성 인근의 38도선 미군 초소(1947.5.25)

방 후, 남북한에 각각 군정이 들어서고, 이후 남북한에 정부
가 수립되면서 갈등은 격화되었다. 개성은 동두천, 주문진
방면과 함께 북한에서 38도선을 넘어오는 주요 길목이었다.

또한 군사적 충돌까지 자주 일어났다. 38도선이 송악산 정
상을 통과하고 있어서, 경계선상에서 선전포고 없이 전투가
자주 벌어졌다. 송악산 고지들은 북한군이 개성을 확보하는
데 가장 가깝고 유리한 지점이었다. 국군이 이 지역에 진지를
구축하려 하자, 북한군은 이를 저지시키기 위해 1949년 5월
4일 송악산 북서쪽 292고지와 남쪽 고지들을 점령했다. 이

때 육군 제1사단 11연대 소속 서부덕 이등상사의 지휘 아래 10용사는 폭탄을 안고 적진에 돌입하여 토치카와 중병기를 죽음으로 파괴함으로써 빼앗긴 고지들을 탈환할 수 있었다.

5월 전투의 보복과 남한의 대응태세를 시험하기 위해, 북한군은 1949년 7월 20일 292고지에 대해 공격을 시작했다. 국군은 다행히 7월 25일 송악산 488고지와 그 후방에 토치카 진지를 구축한 북한군을 격퇴할 수 있었으나, 그들의 반격으로 전투는 8월 초까지 계속되었다.

개성 전투는 인근 옹진 지역으로 확대되기도 했다. 당시 국군은 전선을 주도하고 있다면서, 공산군의 위협을 완전히 제압할 수 있다고 자신했다. 그러나 1950년 6월 25일 새벽 4시 북한군이 38도선 전역에서 남침을 개시한 후 5시간 만인 아침 9시에 개성은 함락되었다.

휴전회담 장소로 개성 선정은 대실수

정부와 국민들은 휴전협상을 반대했지만, 개성과 옹진반도 일대가 남한에 포함되기를 바랐다. 이 지역의 상실은 단순히 유서 깊은 지역을 잃은 것에 그치는 것이 아니라, 서울 방어의 취약점과 서북 도서를 둘러싼 분쟁의 요인이 되었다. 더군다나 북한은 전쟁과 휴전회담 승리의 상징으로 널리 선전했다.

1951년 11월 이승만 대통령은 무초 주한 미국 대사를 접견했을 때, 개성이 고려 왕조의 수도였다는 민족적인 감정과 38도선 이남에 위치한다는 지리적 조건에서 한국인에게 있어서 중요성을 띤다고 상기시켰다. 1951년 11월 6일 서울시민 60만 명이 시민 총궐기대회를 개최하고 "서울의 북부 관문인 개성을 유엔군으로 하여금 절대 획득케 하자"라는 결의를 했다. 개성이 없는 서울은 북쪽의 관문이 없는 수도라는 점을 강조했다.

그런데 유엔군 사령부는 공산 측의 의도대로 중국군이 점령하고 있는 지역인 개성에서 휴전회담을 개최하는 데 합의

휴전회담이 열렸던 개성 내봉장 바깥 모습(1951.7.21, 출처: e영상역사관)

했다. 1951년 7월 13일 애치슨 국무장관은 리지웨이 유엔군 사령관이 개성을 회담지로 수락한 것은 휴전협상을 위한 '성의'의 표시이며, 공산 측에서도 이에 응하여 '성의' 있는 태도로 나올 것을 기대한다고 언명했다.

같은 달 15일 공산 측 대표는 "개성 중앙지를 중심점으로 반경 5마일(약 8킬로미터)의 원형 중립지대로부터 무장병을 일절 철거시키고, 회담 건물을 중심으로 반경 1마일 반(약 2.4킬로미터)의 원형지대를 회담장소로 한다"라는 유엔군 측이 제안한 '개성의 중립화 및 휴전회담 지구까지의 출입자유' 조건을 수락했다.

개성에서 회담이 시작된 후, 공산 측은 유엔군 편에서 중립지대를 위반해 회담장 주변을 공격했다고 주장했다. 그들이 협상 지역에 대한 중립협정을 위반했다고 협상을 중단함에 따라, 유엔군 측은 1951년 8월 9일 개성 지역 중립화를 확인했다. 그런데 개성의 중립화는 이 지역에 주둔한 적의 전력 증강에 대한 군사적 압박을 어렵게 했고, 그 결과 더 넓은 지역을 중립화하게 했다. 이 때문에 개성에서 회담 개최를 합의한 것은 미군의 중대한 전략적 과오였다고 지적되었다. 실제로 공산 측은 미군이 건국 이래 처음으로 백기를 달고 적지에서 협상하는 모습으로 선전했다.

미 합참도 개성이 회담 장소로 부적절하다고 판단해서,

1951년 9월 6일 유엔군 협상대표는 공산 측에 회담 장소를 좀 더 남쪽으로 옮길 것을 제안했다. 회담 장소는 개성의 내봉장에서 널문리(판문점)로 옮겼다. 1951년 10월 22일 판문점에서 쌍방 연락장교회담을 처음 가졌고, 25일 본회담이 재개되었다. 개성 확보를 요구했던 한국 측으로서는 회담 장소로 개성보다 더 남쪽인 판문점으로 정한 것은 이해하기 어려운 조치였다.

만약 유엔군 측이 개성 지역을 반드시 확보하고자 했다면, 공산 측이 요구한 38도선을 군사분계선으로 받아들이면 해결될 수 있었을 것이다. 그러나 그들은 군사분계선으로 38도선을 주장하면서도 개성을 포기하지 않으려 했다. 1951년 11월 4일 베이징 방송은 공산 측은 어떠한 정전선에서라도 개성을 포함시켜야 한다면서, 유엔군 측이 개성을 고집한다면 정전협상 지연 책임을 져야 한다고 주장했다. 그후에도 공산 측 방송은 유엔군 측이 개성을 확보하려는 것 때문에 협상이 결렬된다고 주장했다.

1951년 10월 26일 분과위원회 호데스 소장은 공산 측에 개성에서 철수할 것을 요청했다. 분계선에 관한 유엔군 안에서도 개성 북쪽 지역을 포함시켰다. 그 이유로 "귀측이 인정하든 아니하든 간에 휴전협상이 이뤄지지 않았으면 개성 일대는 이미 유엔군이 점령했을 것이다. 유엔군이 개성을 공격하지 않은 이유는 그것이 1951년 7월 1일 중립지대로 선포되었기 때문이다. 우리는 개성이 한국의 수도에 더욱 적절한 안전을 제공해 주기를 원한다"라고 말했다. 이에 대해 이상조 북한군 소장은 개성이 중립지대화하지 않았다면 유엔군이 점령했을 것이라는 주장은 추론에 불과하다고 반박했다. 그리고 서울 방어를 위해 개성이 필요하다면 자신들은 평양 방어를 위해 더 많은 지역이 필요하다고 응수했다.

1951년 10월 26일 공산 측은 옹진과 연안을 지나는 분계선을 제안했는데, 유엔군 측은 이를 의미 없는 것이라고 반박했다. 27일 회의에서는 호데스 소장이 유엔군 측이 개성으로 진출해야 할 이유에 대해 다시 강조했다. 그는 휴전협상이 되기 전 6월 말과 7월 초에 유엔군이 개성에 저항을 받지 않고 진출했는데, 협상 때문에 공산군 병력이 이 지역으로 진입했다고 지적했다. 즉 공산 측이 개성을 재점령한 것은 군사작전의 결과가 아니라 협상지대로 선정되었기 때문이라고 주장했다. 유엔군 측은 개성 지역을 제외하고 모든 전선에서 전진했다는 점을 들어 공산 측이 개성을 휴전협상으로 얻었다고 했다.

이에 대해 이상조 북한군 소장은 개성을 중립지대와 휴전협상에 의해 공산 측이 확보했다는 것은 가설일 뿐이라고 반박했다. 또한 연안 섬에 대한 유엔군의 장악 주장에 대해서도 몇몇 정찰병과 스파이 이외에는 정규군이 상륙하지 못했으며 항상 자신들이 점령했다고 강변했다. 공산 측은 1951년 10월 재개된 휴전회담에서 유엔군 측이 개성 지구를 포함하여 1,000여 제곱킬로미터에 달하는 지역을 내놓으라는 강도적 요구를 들고 나왔다고 반발했다.

이미 1951년 8월 유엔군 측은 확보 중인 38도선 이북 지구와 서해안을 서로 양보하여 균형을 얻으려는 용의가 있다고 제의했다. 그러나 개성·연백 지역과 동부 지역과의 교환 요구에 대해 공산 측이 반발해 무위로 끝났다. 그 후 유엔군 측은 한때 분계선 이북의 수많은 연안 섬을 확보하고 있기 때문에 이 지역이 개성 지역과 상응된다면서 아군이 점령하고 있는 서해 지역 섬에서 철수하는 대신 개성 지역을 요구한 적이 있었지만 이 역시 거부당했다.

공산 측의 반발로 개성을 확보하기 어렵게 되자, 유엔군 측은 북한이 점령하고 있는 개성을 비무장지대에 포함시키려 했다. 리지웨이 사령관은 공산군 측이 정전협상을 기회로 개성 일대의 '위험 지역'을 그들의 영토로 삼도록 해서는 안 된다는 입장을 보였다. 1951년 10월 27일 분과위원회에서 버크(Arleigh A. Burke) 제독이 유엔군 측 분계선 안에 개성을 아군 측 비무장지대에 올려놓았던 사실을 확인했다. 하지만 11월 5일 공산 측은 "개성이 완전히 그들 전선 내에 있어야 된다"라며 개성을 비무장지대 안에 두자는 제안을 거부했다. 회담장의 공산 측 신문기자들도 그들이 결코 개성을 포기하는 데 응하지 않을 것이라고 말했다.

미군 측, 무력으로 탈환 원하지 않아

협상으로 개성을 확보할 수 없는 상황에서 이를 확보하려면 무력동원밖에 없었다. 당시 우리 언론이나 국민들은 협정 조인 당시의 전투선에 정전선을 설치하자는 유엔군 측 제안이 개성을 무력에 의해 확보겠다는 것으로 이해했다.

당시 여론은 개성시가 5마일(약 8킬로미터) 반경의 적대 행위 금지지구 안에 있지만, 유엔군이 중립 약속을 침범하지 않고 개성 판문점 간의 중립화한 회랑의 양측을 따라 북진하여 개성 북방 근처에 접근함으로써 이곳을 포위할 수 있을 것이라고 인식했다. 만약 정전협정이 조인되는 순간을 기준으로 하여 정전선을 설정하게 된다면 이러한 유엔군의 진격은 개성을 유엔군 전선 속에 포함시킬 수 있을 것이라고 기대했다.

육군 제2사단 소식지인 『노도(怒濤)』 제64호에 유엔군 사령부에서 1951년 6월 22일 방송에서 전날 개성을 탈환하고 한국 내의 적의 최후의 중요 거점을 일소하였다고 했으나,

"기대가 앞선 개성 탈환 소식"(1951.6.24), 출처: 이해주 부산대 교수 제공

현실은 국민의 기대와 달랐다.

휴전협상 국군대표의 일원이었던 유재흥 소장은 판문점 회담 장소 주변의 적 진지에 수십 대의 미군 폭격기가 그들이 바라보는 앞에서 보란 듯이 기총사격, 네이팜탄, 폭탄을 퍼부었다고 회고했다. 그러나 미 군부와 유엔참전국은 무력

사용에 소극적이었다. 리지웨이 유엔군 사령관은 군사적 관점에서 볼 때, 유엔군이 가장 강력하고 유리한 위치를 차지할 수 있다고 보기 때문에 당시 전선에 기초한 휴전을 강력하게 지지한다면서, 더 이상의 북진을 반대했다. 애치슨 국무장관도 이러한 상황에서 북쪽으로 더 진격하는 문제를 논의하는 것은 적절하지 않다고 생각했다. 브래들리(Omar N. Bradley) 미 합참의장은 1951년 11월 12일 "왜 우리가 개성을 놓고 이렇게 설전을 벌여야 하는지 모르겠다"며 "이 일은 회담 결렬의 위험을 무릅쓸 만큼의 가치가 없다"라고 미 군부의 입장을 재확인했다.

당시 국군 휴전대표인 이형근 소장이 조이 유엔군 대표에게 개성 탈환 문제를 꺼냈을 때, 조이 대표는 "전투에서 빼앗긴 곳을 어떻게 테이블 위에서 찾을 수 있습니까? 군인이라면 응당 알아야 할 상식이 아닙니까? 10년을 교섭해도 적은 양보할 리 없습니다. 유엔군은 10년을 기다릴 수가 없습니다. 단념하십시오"라고 고함을 질러 댔다고 회고했다.

한국군이 작전 수행을 주춤할 때, 북한군은 제1군 예하 제3보병사단이 1951년 7월 13일 개성 서남방 및 남방선으로 진출했다. 1951년 11월 중국군 제19군 예하 제63군단은 제1선으로 이동해 개성 북방 및 동북방 지역에서 제19군 예하 제65군단과 교체되었다.

1951년 8월 하순 개성 남방에서 유엔군 정찰부대는 100여 발에 이르는 적의 박격포탄 공격을 받았다. 1951년 11월 초 개성 서부에서는 해병대가 적을 유인하여 대대 단위의 공격을 격퇴하기도 했다. 그러나 미 합참을 비롯해 유엔군 사령부는 개성 확보에 소극적 입장이었다.

미군의 지원을 받아 서해안에서 활동했던 유격부대의 하나인 울팩(Wolfpack) 제1부대의 임무는 주둔지인 강화도의 방어와 치안을 유지하여 강화군민의 생업 보장과 민심 수습에 기여하는 동시에, 연백·연안·백천·개성·개풍군 일대를 대상으로 한 적정 수집과 후방 교란이었다.

그러나 부대의 규모에 비해 작전 수행이 많지 않았던 이유는 당시 휴전회담이 진행되고 있는 동안 북한군과 중국군이 해안경계를 강화했기 때문에 상륙작전이 용이하지 않는 데에다가, 미 제8군 사령부에서 미군이나 한국군이 개성 주위 반경 5마일 지역은 공격이나 상륙하지 말도록 지시했기 때문이었다. 이러한 여건 아래, 부대장은 인명 희생을 최소화하기 위해 무리한 작전은 하지 않고, 소규모 탐색전·매복작전·첩보활동을 주로 하여 전사자가 많이 발생하지 않았다고 한다.

오히려 1951년 11월 중국군이 바다를 건너 대화도, 소화도 등 10여 개 도서를 탈취했다. 개성을 방어하고 있는 중국군 부대는 한국 해병대와 미 해병 제1사단이 점령하고 있는 서장리 북산, 67고지, 68·69고지 등을 1952년 9월 6일, 19일, 그 후 10월 2일부터 6일간의 전투 끝에 점령했다.

그러나 유엔군은 서해안에 대한 공격도 매우 제한적이었다. 유엔군 사령부에서는 회담 지연을 타파하고 추가 지역을 확보하기 위해 공세를 전개했지만, 이때 중동부 전선에 집중함으로써 결국 개성을 잃게 되었다.

1951년 11월 휴전회담에서 양측이 임시 정전선에 최종합의를 했을 때, 서부전선에서 가장 관심을 끌었던 지역은 개성이었다. 그런데 판문점이 비무장지대에 포함되고, 개성 지역은 북한에 속해 유엔군의 공격 대상 지역에서 제외되었다. 이러한 누락에 대해, 국민들은 "개성이 전략적으로 보아 가치 있고 없고는 우리는 모른다. 또 알려고 할 필요도 느끼지 않으련다"라며 분노했다.

북한에서는 김일성이 휴전협상으로 1만 3,000제곱킬로미터, 즉 북한의 1/20에 해당하는 넓은 지역을 확보했다고 널리 선전했다. 이에 맞서 한국 정부는 1950년대 중반까지 정전협정 무효를 주장하면서, 전쟁 이전 남한 측이 점유했던 개성, 옹진반도, 한강 삼각주 지역의 반환을 요구했다.

북방한계선 설정의 의미

정전협정에는 북방한계선이 규정되지 않았다!

최근에 서해상에서 남북한 갈등이 심화되는 근본 원인은
6·25 전쟁 정접협정에서 해상분계선이 명시적으로 규정되
지 않았기 때문이다. 이런 연유로 정전 이후에도 남북한 사
이의 충돌이 이어져 왔다.

북한 측은 1999년 6월 연평 해전 이후, 70여 일이 지난
8월 27일 "정전협정에 의하면 이번에 쌍방 함선들이 충돌
한 해상 수역이 우리들의 수역이 명백하다"라고 주장했다.
2000년 6월 15일 역사적인 남북공동선언 이후에도 2002년

6월 서해 교전이 재발한 데에 대해 우리 남한 국민들은 큰 충격을 받았다.

특히 1970년대 이후 북한 측이 북방한계선은 합의에 의한 것이 아니었다고 주장하면서, 서해에서 남북한의 갈등은 심화되었다. 서해 접경 해역은 해산물이 풍부하기 때문에 남북한 어선, 중국 어선이 경쟁적으로 조업하는 구역으로, 우리 어선들이 북한 경비정에 피랍되는 사태가 다수 발생했다. 또 이 해역을 경비하는 남북한 함정 사이에는 어로한계선이나 북방한계선 침범 등의 이유로 '연평 해전', '서해 교전'과 같은 무력 충돌이 발생하게 되었다.

휴전협상 당시 유엔군 측은 한반도 주변 해역뿐만 아니라 압록강 하구까지 통제권을 가지고 있었기 때문에 해상에서 군사분계선을 왜 분명히 설정하지 않았는지에 대해 의문이 들 수밖에 없다. 전쟁 이전에도 38도선 이남인 서해 5도와 그 주변 수역은 우리의 관할권에 속해 있었다.

협상에서 해상분계선의 설정 합의에 실패한 이유는 공산 측이 12해리(약 22.2킬로미터) 영해를 주장하고, 유엔군 측은 3해리(약 5.5킬로미터) 영해를 주장하여 끝내 합의를 보지 못한 데에 있었다. 유엔군 측은 1951년 12월 7일 의제 3분과위원회에서 공해에서 미 해군 함정이 항행하는 권리를 간섭하고자 하는 점에 대하여서는 수용할 수 없다고 강경하게 주장했다. 미국, 영국, 네덜란드, 프랑스 등 유력한 해양국가는 3해리 제도를 지지했다.

당시 유엔군 측은 해군력이 우세하였음에도 불구하고, 조기 정전을 위해 당시 아군 유격대와 해병대 등이 장악하고 있던 서해 5도 이북에 있는 섬에서 철수하는 데에 따른 보상을 받지 못한 채 결국 영해의 범위에 대해 '합의하지 않은데' 합의했다. 협상에 참여했던 대로우(D. O. Darrow) 대령은 영해의 범위를 설정하려는 것이 아니라, 양측이 의도하지 않는 위반이 없도록 하기 위한 합의가 필요함을 주장했다.

양측은 결국 해상경계선에 관한 규정이 정전협정(제2조 13항 ㄴ목)에 포함되지 못한 채 최종적으로 합의에 도달했다. 이에 따라 정전협정 부속문서상 군사분계선은 서쪽으로는 "경기도와 황해도 경계선 끝점(임진강 하구 교동도 인근)"까지만 설정돼 있을 뿐이다. 이 때문에 군사분계선에 대한 언급 없이 서해 5도의 유엔 관할만을 확인할 수 있을 뿐이어서, 이 항목은 추후 큰 논란의 소지를 남겼다. 유엔군 측은 공산 측이 주장하는 황해도와 경기도 도계선을 인정하지 않는다고 분명히 했다.

이러한 합의는 서해에서도 미국이 지상분계선에서와 같이 방어할 수 있는 섬은 확보하고 그 외는 포기하려는 방어지대론을 적용한 것으로 보이며, 미국과 소련의 소극적인 협상 전략의 결과물이다. 미 합참은 협상 지침을 통해 엄격히 군사적 문제에 한해서만 논의되어야 하며 어떠한 정치 및 영토적 문제를 포함해서는 안 된다고 지시했다. 그로미코(Andrei A. Gromyko) 소련 외무차관도 "군사행동 중지에 관한 잠정적인 군사협정은 특별한 절차를 통해서 해결되어야만 하는 정치 문제나 영토 문제를 포함시켜서는 안 될 것"이라고 말했다. 그러나 결과적으로 해상 경계선에 대한 이러한 미합의는 정전 후에 북한 측이 3해리를 벗어난 공해상에서 남한 어선을 자주 납치하고 침범하는 원인이 되었다.

아군의 해군력 우위와 해상방위수역 설정

1950년 6월 북한의 침략 이래, 유엔 및 한국 해군은 한반도에 인접하는 수역을 정찰하여 왔으나 적 첩보원이나 밀수 출입 물품을 실은 어선 및 기타 소형 선박들의 한국, 특히 거제도·제주도 지역에 대한 잠입을 통제하기 위해 해상 봉쇄구역을 설정했다.

전쟁 시기 유엔군 측은 군사적으로 해군력과 공군력에서 우위였다. 공군력은 공산군 지상 병력의 수적 우세에 맞서 유엔 지상군이 전선을 유지할 수 있는 중요한 요소였고, 공산 측으로 하여금 휴전 조건을 수락할 수 있도록 강제하는 군사적 압력 수단이 되었다. 또한 해군력은 북한에 대한 해군 봉쇄(naval blockade)로 당시 전선에 더 많은 병력을 수송 또는 지원할 수 있는 공산 측의 수단을 제거하는 데 크게 기여했다. 이 때문에 라주바예프(Vladimir N. Razuvaev) 북한군 고문단장은 소련군 총참모장에게 보낸 전문에서 남일이 휴전협상에서 언급할 항목 가운데 "조선 영토로부터 해군을 철수시키고 봉쇄를 해제할 것"을 건의했다.

소련 정부는 1950년 7월 6일 유엔군의 한국 해상 방어선 설정은 적대 행위이며 이 방어선이 한국에서 전면적인 무력 개입과 같이 유엔 원칙과 모순된다고 미국 정부에 서면으로 항의한 적이 있었다.

그럼에도 불구하고 1952년 9월 27일 클라크(Mark W. Clark) 유엔군 사령관은 '한국 수역 방위선(KSDZ, The Korean Sea Defense Zone)'을 새롭게 설정했다(48쪽 그림 참조). 이는 한국 해안에 대한 공격을 방어하고 유엔군 사령부의 통신선을 확보하는 동시에 밀수출입 혹은 한국 영토를 향한 적 정보기관의 잠입을 방지하기 위함이었다. 이때 설치된 방위수역은 적의 침투 외에, 일본과의 완충지대 역할을 했다. 즉 방위수역은 한국과 제주도에 인접한 수역에 유엔군사령부 군사작전의 보안과 성공을 위협하는 선박들의 접근을 방지하기 위해 설치되었다.

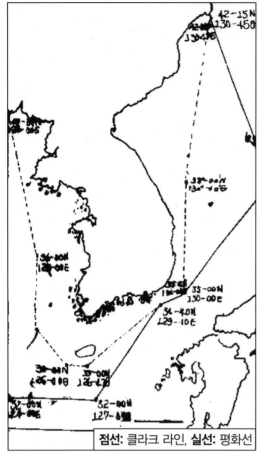

점선: 클라크 라인, 실선: 평화선

「유엔군 사령부의 해상방위 봉쇄선 설정 및
폐지 1952-1953」, 외교사료관.

클라크 라인으로도 부르는 이 선에 대해 당시 외무부는 '한국 연안 봉쇄선'으로 인식했고, 그 역할이 공산 계열 간첩의 잠입을 방지하고 작은 선박을 사용한 포로와의 불법 연락을 막는 동시에 밀수 출입자들의 활동을 중지시키자는 데 그 목적이 있다고 평가했다.

이에 대해 주유엔 소련 대사는 '해상방위수역'을 설치하는 것은 실질적으로 1950년에 미국 정부가 불법적으로 도입한 한국 해안에 대한 해군 봉쇄의 확장이며, 극동에서의 또 다른 적대 행위로서 한국에서의 전쟁을 끝내려는 의도가 아닐 뿐만 아니라 새로운 공격 행위라는 점을 입증한다고 비난했다. 그러한 지역을 설치하는 것은 공해에서 상업적 항해의 자유를 침해하는 것으로 소련과 다른 국가들의 권리를 침해하는 것이라고 항의했다. 소련 정부는 미국 정부가 한국 주변에 이른바 '해상방위수역'을 설치하는 것은 불법이며, 이러한 새로운 적대 행위의 결과와 소련의 이익에 손해를 입히는 일에 대한 모든 책임이 미국에 있다고 주장했다.

미군 측은 해상방위수역의 설정이 1950년 6월 25일과 27일, 7월 7일 등의 유엔 안전보장이사회 결의와 1951년 2월 1일 유엔 총회의 결의에 의한 것으로 한국에 대한 공산주의자의 침략을 물리치고 평화를 회복하기 위한 조치라고 반박하면서, 국제법에 일치한다고 주장했다.

1952년 11월 3일 유엔군 사령부 대변인은 한국 해안에 대한 공격을 저지하고, 또 금제품의 밀수나 한국 내로의 공산군 스파이의 잠입을 방지하기 위하여 한반도에서 해상방위수역이 설치된 것이라고 해명했다. 이에 대해 일본 정부는 이것은 클라크 유엔군 사령관이 직접적으로 이승만 라인을 지지하는 것이며, 또 일본 어선을 몰아내려는 것으로 받아들였다.

한국군은 미군의 해상 봉쇄에 기대했다. 한국 정부에서는 유엔군이 한국 해역을 봉쇄하고 영공을 방위해 주며 앞으로 국군을 20개 사단으로 늘리면, 유엔군의 생명을 희생시키지 않고 압록강과 두만강을 잇는 한·중 국경을 통제하고 방어할 수 있다는 입장이었다.

북방한계선 설정의 의미 재조명

해상 분계선이 정전협정에 명시되지 않았지만, 1953년 8월 30일 유엔군 사령관은 남북한 무력 충돌을 예방하기 위해 북방한계선을 설정했다. 이 선은 클라크 유엔군 사령관이 정전 후 정전협정의 안정적 관리를 위해 설정한 이래, 남북한의 실질적인 해상 경계선이 되었다.

그러나 북한 측은 이미 1973년 12월 1일 제346차 군사정전위원회에서 정전협정 어느 조항에도 서해의 해면에서 '계선'이나 '정전해협'이라는 것이 규정되어 있지 않다며, 서해 5도의 수역을 포괄하는 이 해면은 자신들의 영해라고 주장했다. 그러므로 자신들의 연해에서 그들의 해군 함선들이 자유로이 항해하는 것은 정상적이라면서, 앞으로 서해 5개 도서의 해상 출입 시 북한 측에 신청하고 그 승인을 받으라고 주장했다.

1973년 12월 22일 미국 국무부에서 주한 미국 대사관으로 보낸 전문에서, 당시 미국 국무부와 국방부는 북방한계선이 공식적으로 북한 측에 제시되었다는 증거가 없다고 이해했다. 즉 미국 측은 결코 수용하거나 인지하지 않는 분계선을 넘어 침입한 행위를 비난하는 점이 매우 취약한 처지라고 인식했다.

유엔군 사령부에서도 북방한계선이 남북한 간의 실질적인 군사분계선이라는 입장은 한국 정부와 같이하나 영해 또는 관할권 문제에 대해 입장 표명을 회피하여 미국 언론에서는 교전 해역을 '분쟁수역(in disputed waters or high seas)' 또는 '공해'로 일관되게 표현하고 있다.

하지만 북방한계선은 북한의 주장대로 일방적인 선언에 그친 것이 아니라 전시 해상방위수역을 대체하는 것으로 그 의의가 충분하다. 즉 유엔군 사령부에서 해상방위수역을 철폐한 것은 정전협정의 정신과 조항을 준수하기 위해 유엔군 측의 호의(good faith)를 나타내기 위한 것이었는데, 이를 발표한 후, <u>3일 만에</u>(밑줄은 필자) 북방한계선을 선포한 것은 유엔군 사령부가 해상에서 남북한 충돌 가능성의 현실을 무시할 수 없었기 때문이었다. 당시 유엔군 사령부에서는 남한 정부를 설득하기 위한 점도 있었을 것이나 클라크 라인의 철폐가 이승만 대통령에게 '<u>중단(suspension</u>, 밑줄은 필자)'이라고 설명했고, 상황에 따라서는 즉시 재설정할 것이라고 강조했다.

1953년 9월 3일 한국 해군 미 고문단장은 유엔군 사령관에게 한국 해군참모총장으로 하여금 이전 해상방위수역에 따라 순찰의무를 하도록 했다. 그러므로 북방한계선은 단순히 이승만 대통령의 북진론을 막기 위한 것이 아니었다.

군사분계선을 둘러싼 남북한 분쟁은 양측의 체제 대결과 경쟁의 산물이다. 북한으로서는 서해 북방한계선이 그 자체가 목적이 아니라 하나의 수단이 되었다. 이를 두고 탈북자들이 "북한은 서해 도발이라는 새로운 장기성 협박 전략을 개발했다"라고 지적한 것처럼, 북한 측은 "항시적인 긴장이 존재하고 있는 서해 해상에서 다시 충돌이 발생할 경우 그것이 전면전쟁으로 확대되리라는 것은 명백한 사실이다"라고 협박했다.

그러나 서해의 해상경계선이 불분명하다는 이유로만 무력 충돌이 일어난 것은 아니다. 경계선이 분명한 지상 군사분계선에서도 무장지대로 변했고 한때 끊임없는 충돌이 이어졌다. 군사분계선의 갈등과 충돌에서 특징은 아직도 북한이 남한을 상대로 무력을 사용하고 있다는 점이다.

그런데 서해 북방한계선이 전략적으로 북한을 효과적으로 압박하고 있으나, 군사적 긴장 완화와 남북한 공존공영을 위해서는 북한의 서해에서 조업이나 대외 무역 항로를 제약하고 있으므로 '서해평화협력지대'와 같은 새로운 전환이 필요하다. 이는 정전협정상의 해상 봉쇄를 하지 않는다는 규정(정전협정 제15항)을 준수하는 길이기도 하다. 남북한의 노력 여하에 따라서는 비무장지대나 서해 북방한계선 일대와 같이 갈등 지역이 평화 공존 지역으로 바뀔 수 있을 것이다.

송환 거부 공산 포로와 반공 포로 석방

송환거부 공산 포로 존재

전쟁 포로는 종전 후 지체 없이 송환하는 것이 원칙이었다. 그러나 6·25 전쟁에서 공산 포로의 구성이 단순하지가 않았다. 북한군 포로 중 상당수는 북한으로 돌아가기를 거부했고, 중국군 포로도 타이완(臺灣)으로 가기를 원하는 포로들이 많았다. 유엔군 사령부는 공산 포로들 가운데 이질적 요소가 섞여 있음에도 불구하고, 포로 송환협상이 논의되기 전까지는 거제도 포로수용소에서 포로들에게 자치를 허용하면서 그들에 대한 통제를 거의 하지 않는 정책을 취했다.

휴전협상이 자신들의 운명과 직결된 문제였으므로, 회담이 시작되면서 수용소에서 좌우익 포로들의 투쟁은 점차 격화되었다.

국군이 후퇴할 때에는 북한군 포로가 적었으나, 1950년 9월 15일 유엔군의 인천 상륙작전의 성공으로 전세는 순식간에 역전되었다. 9월 말까지 1만여 명이던 북한군 포로는 10월부터 더욱 늘어났다. 10월 중에는 5만 1,859명, 11월에는 3만 5,465명, 12월에는 3만 8,975명으로 총 포로의 수가 13만 7,000여 명에 이르렀다. 전체 포로의 규모는 인민군 포로 15만 420명, 중국군 포로 2만 1,074명 등 17만 1,494명이었다.

그런데 거제도 포로수용소에서는 귀순자 1만여 명 외에도 송환을 거부하는 포로가 갈수록 늘어났다. 포로들 중 상당수는 전쟁 이전 북한 통치와 전쟁 경험, 수용소의 포로 우대와 오리엔테이션 교육 등의 영향으로 공산주의에 대한 반대 의식을 더욱 강화했다.

송환거부 포로가 크게 늘어난 이유를 살펴보면, 첫째, 북한과 중국군 포로는 귀환 후 불이익을 받을 수 있다는 두려움이 컸다. 많은 포로들은 북한과 중국에 송환되면, 그들이 유엔군에 투항했기 때문에 죽음을 당할 것이라고 여겼다.

둘째, 반공 포로 단체들의 활동에 영향을 많이 받았다. 휴전협상이 시작되면서 수용소 내에서 반공 포로들은 친공 포로와 세력권을 확보하기 위해 투쟁을 전개했다. 이러한 노력은 송환을 거부하는 반공 포로들이 판문점으로 이송된 후에도 계속되었다.

셋째, 미군 포로 정책의 영향도 컸다. 유엔군의 포로 우대 정책의 결과로, 포로들 중 상당수는 자유를 자각하는 계기가 되었다. 특히 미군의 체계적인 포로 교육의 영향도 빠질 수 없을 것이다. 포로 교육은 휴전협상이 시작될 무렵에 유엔군과 공산군 측에서 거의 동시에 시작되었다. 교육 내용에는 문맹 타파, 직업 교육 등도 있었지만, 미군 측은 바로 오리엔테이션 교육에 역점을 두어 공산주의의 약점과 민주주의의 강점을 강조했다. 특히 중국군 포로들은 북한군 출신보다 교육에 더 열의를 가지고 임했다. 이러한 요소는 송환거부 포로를 증가시키는 데에 기여했을 것이다. 이 때문에 친공 포로들은 크게 반발했고, 국제적십자사나 미군 일부에서도 정치적 성향을 비판하여 교육의 중단을 요구했다.

포로들이 언제 공산주의에 대한 비판 인식을 갖게 되었는지에 대해 광주 제1수용소 포로 대표 홍익찬은 "비로소 철조망 안에서나마 자유의 모습을 똑똑히 인식하였다"라고 술회하고 있다. 그는 거제도에서 "북한의 괴뢰들에 못잖은 공산주의자의 눈 뜨고 보지 못할 무자비한 만행을 보고 가만

논산 반공 포로의 "김일성에게 보내는 항의문" 일부
(논산 제2수용소 김태형, 김낙선 외)

히 앉아 있을 수가 없어서 멸공의 봉화를 올려 싸워 이기고 야 말았다"라고 주장하면서, 반공 포로들을 멸공 전선에 내 보내 줄 것을 호소했다. 이들은 "처음부터 판문점에 포로명 부가 교환될 성질의 사람이 아니었다"라고 단언하면서, "과 거에도 반공 청년들이었고, 현재에도, 미래에도 영원히 반공 청년이다"라고 주장했다.

반공 포로들은 수용소 내에서 반공 단체를 결성하여 좌익 포로와 투쟁을 벌이는 동시에 유엔군 사령관이나 유엔 사무 총장 혹은 한국과 미국의 대통령에게 청원을 보내서 자신들 의 억울함을 호소하고 조속한 석방을 요구했다. 이와 같이 포로가 된 후에 포로들은 교육이나 수용소 여건에 의해 이념이 바뀐 경우가 상당수 있었다.

1951년 10월 중국군 포로가 타이완으로 송환되기를 원하는 청원서를 제출한 후, 민간인 억류자와 북한 출신도 이에 가세했다. 포로의 청원은 공산 측의 전원 송환 주장을 듣고 곧 시작되었다. 그해 10월 27일 제63수용소의 9,043명이 유엔 사무총장에게 진정했다. 이후 좌익 포로로부터 분리된 반공 포로들은 이러한 청원과 결의를 계속했다.

포로협상과 심사

휴전협상 의제 가운데 협상을 가장 오래도록 지연시켰던 사항은 포로 문제였다. 포로는 전쟁이 끝난 후 모두 자국으로 보내면 쉽게 해결될 수 있는 문제처럼 보일 수 있다. 그러나 전쟁 당시 자유 진영과 공산 측은 전투 대신에 포로 교환 문제를 통해 양 진영의 체면과 이데올로기의 우위를 확보하려고 했다.

포로 교환 협상에서 가장 큰 논란은 공산 포로 가운데 북한이나 중국으로 송환을 거부하는 포로의 처리였다. 포로의 송환원칙으로 공산 측이 송환을 거부하는 포로를 강제로라도 전부 송환시키자는 '전원 송환'을 주장한 데 비해, 유엔군 측은 송환거부 포로를 보호하기 위해 인도주의를 내세우면서 포로의 의사를 존중한다는 '자원송환원칙'으로 대립했다. 송환을 거부하는 반공 포로를 보호하려는 자원송환원칙의 관철은 이념 대결을 떠나 인도주의 차원에서도 의미 있는 일이었다. 그러나 공산 측의 반발로 휴전협상이 지연되었고, 거제도 포로수용소에서 좌우익 포로들의 갈등을 증폭시켜 많은 희생을 낳았다.

휴전협상에서 자원송환원칙을 제기했던 유엔군 사령부에서는 송환될 포로의 규모를 미처 파악하지 못하고 있었다. 포로 명단 교환 직후인 1951년 12월 23일 휴전협상에서도 유엔군 대표는 약간의 포로가 송환을 거부한다고 시사했을 뿐이었다.

이에 따라, 유엔군 사령부에서는 공산 포로 가운데 반공주의자를 가려내는 절차가 필요했다. 포로 심사는 1952년 4월 8일에 시작했기 때문에 중국군 포로들은 이를 '4·8분가(分家)'라고 명명했다. 4월 말까지 계속된 심사에서 전체 17만여 명 가운데 송환을 희망하는 포로는 민간인 억류자 7,200명/3만 7,000명, 남한 출신 3,800명/1만 6,000명, 인민군 포로 5만 3,900명/10만 명, 중국군 포로 5,100명/2만 명 등 7만 명이었다. 공산 포로 17만여 명 중 10만 명이 귀환을 거부했다.

전체 17만 명의 공산 포로 가운데 북한이나 중국으로 송환을 희망하는 포로가 7만 명에 불과하자, 휴전협상은 사실상 중단되고 말았다. 그렇게 많은 포로들이 공산주의를 버리고 자유세계를 선택한 사실은 공산주의자들의 면목을 여지 없이 손상시켰기 때문이었다. 특히 중국군 포로는 3명 가운데 2명이 송환을 거부했다.

유엔군 사령부도 친공 포로수용소의 심사 결과는 송환거부자가 너무 적고, 반공 포로수용소에서 심사는 송환거부자가 너무 많았다는 점을 인식했다. 더욱이 1952년 5월 거제도 포로수용소 돗드(Francis T. Dodd) 소장 피랍사건으로 포로 대우와 심사에 대한 유용성이 크게 손상되자, 유엔군 사령부는 송환협상에 차질이 있을 것을 우려하여 재심사를 결정했다.

유엔군 사령부는 공산 측에 포로 심사를 위해 합동작업이나 국제적 중립기구의 대표의 참여를 요구했다. 그러나 공산 측의 반대로 유엔군 측은 다른 기구의 감독 없이 단독으로 재심사를 실시했다. 그 결과 전체 16만 9,944명 가운데 송환 희망자는 8만 3,722명이고 잔류자가 8만 6,222명이었다. 미군은 재심사의 결과가 이전에 통보했던 7만 명보다 20퍼센트가 늘어나서 공산 측과 협상하기에 충분하다고 판단했다.

하지만 유엔군 측은 재심사 결과를 공표할 수 없는 어려운 처지에 빠졌다. 브래들리 미 합참의장은 8만 3,000여 명이라는 수치를 공산 측에 제공한다면, 그들이 또다시 석 달을 더 기다리면 그 수가 10만 명에 이를 것이라고 주장할 것이고, 이 결과를 알리지 않았는데도 그것이 공산 측에 새어 나간다면 더욱 어려운 처지에 빠질 것이라고 우려했다.

유엔군 사령부에서는 공산 측의 반발에도 불구하고 1952년 7월 13일 휴전협상에서 재심사의 결과를 통보했다. 그러나 공산 측의 반대로 1952년 10월 초부터 휴전협상은 무기한 휴회로 들어갔다. 11월 10일 비신스키(Andrei Y. Vyshinskii) 소련 외무장관은 심사 과정이 불공정하고 국제법의 준수와도 거리가 멀다고 비판했다.

반공 포로 석방으로 한미상호방위조약 체결

1953년 6월 18일 이승만 대통령의 반공 포로 석방은 정전협정의 체결을 지연시켰지만, 국군 포로의 귀환에 영향을 미친 것은 아니었다. 왜냐하면 국군 포로가 북한에 아직도 남아 있는 이유는 북한의 주장처럼 남한에서 이승만 정부가 반공 포로를 석방했기 때문이 아니라, 북한이 전쟁 당시부터 포로를 인민군으로 입대시키거나 주민으로 편입하는 등의 조치를 취한 것으로부터 비롯된 것이다. 이미 1951년 6월 북한군 총사령부는 국군과 유엔군 포로가 10만 명이 넘었다고 공표하였지만, 포로 명단으로는 국군 7,000여 명을 포함하여 1만 2,000명에도 미치지 못한 규모를 제시했다.

1953년에 들어 미국에는 공화당 정권이 등장하고 공산 측에서는 휴전을 희망했던 중국이나 북한과 달리 이를 완강히 반대했던 스탈린이 사망하는 등 새로운 국제정세의 변화로 협상은 재개되었다. 1953년 4월 26일, 1952년 10월 초 이래 6개월간 휴회되었던 휴전회담 본회의가 재개되었다. 쌍방의 상병 포로의 교환이 순조롭게 진행되어 남아 있는 포로의 문제도 서로 양보와 협의로써 해결할 수 있는 시기가 성숙했다.

공산 측 반발에 따라 유엔군 측은 송환 거부 포로의 처리를 위해 중립국을 통한 해결 방안을 모색했다. 1953년 5월 25일 유엔군 측은 송환 거부 포로를 둘러싼 협상의 타결을 위해 '최종안'으로 그들을 중립국으로 인도하자는 공산 측의 제안을 절충하여 중립국 대표가 판문점으로 와서 90일 동안 포로를 관리하도록 했다. 이 안은 공산 측이 제기한 유엔군 포로수용소의 포로 심사 과정의 불공정에 대한 논란을 불식시키기 위한 것이었다. 이에 대해 6월 4일 회의에서 공산 측의 남일은 유엔군 측이 5월 25일 제시한 새 제안에 동의했다.

그러나 반공 포로의 석방을 주장해 온 한국 정부는 배반감을 느꼈다. 이승만 대통령은 이 제안이 "너무나 유화적이어서 굴복한 인상을 금할 수 없으며, 이것은 장차 우리 모두에게 큰 재액으로 다가올 것"이라고 말했고, 한국군 휴전협상 대표인 최덕신 장군이 회담 참석을 거부하는 것으로 항의했다. 더욱이 휴전 전에 상호방위조약 조인 요구도 여전히 해결되지 않은 상태였다.

아이젠하워 대통령은 1953년 5월 30일 만약 이승만 대통령이 휴전조약을 받아들인다면 공식적인 안보조약을 보장하겠다고 결정했다. 그러나 그는 휴전회담의 성사를 위해서 그 제안이 공표되기를 원치 않았다. 6월 7일 아이젠하워 대통령은 이승만 대통령에게 서한을 보내 상호방위조약 협상은 휴전협정이 조인되면 곧 개시될 것이라고 했다. 하지만 이러한 제안은 정전 전의 조약 체결을 요구하였던 이승만 대통령이나 변영태 외무장관을 크게 실망시켰다. 변영태 외무장관은 미국의 제안에 기초해서는 휴전을 받아들일 수 없다고 반발했다.

한국 정부는 반공 포로들을 중립국송환위원회로 이송하는 것은 불가하며 이들을 석방시켜야 한다는 입장이었으나, 유엔군 측은 1953년 6월 8일 공산 측과 합의하여 포로교환협정을 체결했다. 이미 이승만 대통령은 1953년 6월 6일, 원용덕 헌병사령관에게 은밀히 반공 포로 석방 지시를 내렸다. 이에 따라 헌병사령부에서는 수용소에 대한 현지 답사와 현지 지휘관의 의견을 종합하여 유혈사태를 최소화할 수 있도록 포로수용소 접수 즉시 석방하는 방안으로 결정되었다. 원용덕 헌병사령관은 6월 18일 0시를 기해 산하 지휘관에게 포로수용소를 접수하도록 명령했다.

반공 포로의 석방은 한국의 안전보장을 위해 이승만 대통령이 단호히 대처했다며 한국인과 반공 국가의 찬사를 받았다. 후에 그의 정적이 되었던 장면도 "이 박사의 용단이 아니고는 아무도 따를 수 없는 것"이라고 칭찬했다. 이승만 대통령은 이날 성명을 통해 "반공 포로는 제네바 협정과 인권 정신에 의하여 벌써 석방되어야 할 것이나, 국제적 관련으로 인해서 불공평하게도 너무 오래 구속됐다"라고 주장했다.

반공 포로 석방에 대한 보복으로 마오쩌둥은 정전협정은 추진하되 한국군 1만여 명을 섬멸하도록 지시하여 강원도 금성 지역에 대한 대규모 공세를 취했다. 그 결과 국군의 기록에 의하더라도 전사자와 실종자가 총 5,000명이 넘는 희생이 있었지만, 이승만 대통령은 전후 한국의 안전보장을 위해 휴전 전에 한미상호방위조약을 확보하는 데 성공했다. 즉 반공 포로의 석방으로 계속 소강상태를 보였던 한미상호방위조약 체결에 박차를 가할 수 있었다.

'돌아오지 못한' 국군 포로

국군 및 유엔군 포로 10만 명

정전협정이 체결된 지 60년이 지났지만, 아직도 돌아오지 못한 많은 국군 포로가 북한에 남아 있다. 1994년 10월 중국군에 포로가 되어 잡힌 날로부터 남쪽으로 탈출하는 것이 꿈이었다고 했던 조창호 중위가 탈북해 온 지도 20년이 되었다. 그가 귀환 후 2006년에 세상을 떠났을 만큼 포로들은 나날이 고령화되고 있으므로, 미귀환 국군 포로 문제의 해결이 시급하다.

전쟁 당시 국군 포로 규모와 귀환자를 파악하면 자연히

미귀환 국군 포로의 규모를 알 수 있다. 공산 측이 획득한 국군 포로의 규모를 파악하는 일은 이미 휴전협상 당시부터 큰 논란이 있었고, 현재 북한에 억류되었을 포로의 수를 추정하기 위해서도 중요하다.

전쟁 중 공산 측의 시기별 유엔군 포로의 규모는 전쟁 중 북한 인민군 총사령부의 보도나, 혹은 김일성이나 박헌영 등의 보고에 따르면 첫 6개월간의 포로 3만 5,000명과 3개월 후의 2만 6,868명을 더하여, 9개월간 총 6만 5,868명이었다. 이 통계는 북한의 신문과 방송에 크게 보도되어 정전협상에서 포로 규모를 추정하는 근거가 되었다. 유엔군은 휴전협상에서 이를 토대로 이후 사라진 국군 포로 5만 명을 줄곧 제기했다.

하지만 1951년 6월 25일 전쟁 1주년을 맞이하여 인민군 총사령부는 한국군을 비롯한 유엔군 59만 8,567명을 죽이거나 부상을 입혔으며 포로로 했고, 그 가운데 포로가 10만 8,257명이라고 구체적으로 밝히고 있다. 이는 지금까지 북한에서 밝힌 최대 규모로 중국군 창건 24주년 축하 기사와 김일성의 8·15 해방 6주년 기념 보고에서도 재확인되고 있다. 이 규모는 전과를 선전하기 위한 과장이 있을 수 있으나, 북한 정부가 공식 발표했다는 점에서 앞으로 포로의 숫자를 확인하는 출발점으로 삼아야 할 것이다.

북한이 주장한 포로 규모는 [표 1]에서 정리된 대로 초기 남진 시기, 중국군 개입 이후 시기 등의 전과가 반영되어 있다. 중국군 자료에 의하더라도 국군과 유엔군 포로 규모는 9만 명 수준이었다. 즉 1951년 10월 참전 이후 1951년 6월까지 중국군만의 전과 가운데 아군 포로는 4만 6,523명이다. 그런데 중국군 자료에 나타난 북한군 살상 포로 등 23만

기간	포로		살상포로 (누계)	비고
	기간별	누계		
1950.6.25~7.14	6,544	6,544		국군
1950.6.25~12.25	3만 8,500	3만 8,500	20만 8,200	국군 유엔군
1950.12.26~1951.3.25	2만 6,868	6만 5,368	32만 5,368	국군 유엔군
1950.6.25~1951.5.22		8만 5,428	42만 4,697	국군 유엔군
1950.6.25~1951.6.25	10만 8,157	10만 8,157	59만 8,567	국군 유엔군
1950.6.25~1953.6.24			98만 9,391	국군 유엔군
1950.6.25~1953.7.27			109만 3,839	1953.7 현재
1950.6.25~1993.7.27			156만 7,128	1993.7 현재

[표 1] 공산 측 포로 관련 발표 종합(단위: 명)

3,523명 가운데 초기 전쟁에서 북한군의 전과를 감안하여 중국군의 공세 시기 포로 획득 비율 20퍼센트로 추정하면 4만 6,705명으로 추산할 수 있으며, 이를 모두 합치면 아군 포로의 규모는 9만 명 이상이라고 추정할 수 있다.

포로 가운데에는 카투사(KATUSA)를 포함한 정규군 이외의 포로로 경찰, 군속, 간호사, 노무단, 유격대 등이 포함되었을 것으로 추정하면 북한군의 주장과 크게 차이가 나지 않을 것으로 보인다. 전쟁 중 정규군이 아니라 사단에서 현지 입대시킨 청년들은 병적이 없었는데, 이들 가운데도 포로가 발생했다.

포로협상과 '사라진 국군 포로'

유엔군과 공산군 양측이 포로 대우에 대한 관한 제네바협약을 준수하여 수용 중 그들을 대우하고 전후에 전원 송환했다면, 포로 문제는 간단히 해결될 수 있었을 것이다. 그러나 공산 포로 가운데 송환을 거부하는 반공 포로가 다수 존재했고, 북한 측은 1951년 12월 휴전협상 시 포로 명단의 교환에서 국군 포로를 크게 누락시킴으로써 포로 문제를 복잡하게 했다.

유엔군 사령부에서 국제적십자사에 공산 측 포로의 수를

구분	국군	미군	영국군	터키군	필리핀군	프랑스군	호주군	기타
11,559	7,142	3,198	919	234	40	10	6	10

[표 2] 포로 명단 교부(1951.12)(단위: 명)

17만 명 이상으로 통보하였을 때, 공산 측이 알려 준 유엔군 포로의 수는 1951년 9월 말에도 169명에 불과했다. 더욱이 북한 측은 같은 해 12월 포로 명단 교환 시 [표 2]와 같이 국군 포로를 비롯해 유엔군 포로의 총 규모로 1만 1,559명만 제시했다. 북한군이 국군 포로 대부분을 인민군과 주민으로 편입시키고 겨우 7,000여 명의 명단만을 우리 측에게 넘겨 준 것은 진실을 크게 왜곡한 것이다.

이에 따라 미군 측은 공산 측이 포로 명단을 교환한 후에도 이 명단에 포함하지 않는 포로를 억류하고 있을 것으로 추정했다. 유엔군 사령부에서는 한국군 포로의 규모를 6만 5,000명으로 평가한 토대 위에 휴전협상에서 공산 측에 전쟁 범죄로 희생된 1만 1,600명을 제외한 5만 3,000명의 국군 포로에 대한 해명을 요구했다. 이미 1951년 6월 북한군 총사령부는 한국군과 유엔군 포로를 10만 명이 넘게 포로로 했다고 공표했다.

그러나 정전 후 귀환한 국군 포로의 규모는 [표 3]과 같이 8,000여 명에 불과하고, 억류 중 사망자와 북한군에 편입되

구분	11,353
상병 포로 귀환자	471
일반 포로 귀환자	7,861
북한군 편입 후 포로된 자	1,174
영현 귀환자	606
억류 중 사망자(공산 측 통고)	869
송환 불원자	326
간헐적 귀환자	46

[표 3] 국군 포로의 귀환 및 사망자 현황(단위: 명)

었다가 다시 아군에 포로가 된 숫자를 포함해도 총 규모가 1만 1,353명에 그쳤다. 이렇게 귀환자가 적었던 것은 북한 측이 국군 포로를 인민군에 편입시켰거나 수용 중 사망자가 많이 발생했기 때문일 것이다. 북한 측은 1951년 12월 이미 교환 포로 명단의 통보 이전에 많은 국군 포로들을 임의로 자체 심사하여 북한군 및 북한 주민으로 편입시켜 억류했다. 그들은 국군 포로의 인민군 편입이 개인의 선택에 의한 것이라고 주장했다.

따라서 우리 측에서는 휴전 후에도 군사정전위원회를 통해 돌아오지 못한 국군 포로에 대해 해명을 요구했으나, 최근까지도 북한 측은 국군 포로는 없다는 입장을 강변하고 있다. 6·25 전쟁 포로 가운데 북한에서 탈출해 오는 국군 포로가 2014년 6월 현재 80명이었고, 북한에 생존하고 있을 것으로 파악된 국군 포로의 수도 500여 명이다.

국군 포로의 인민군 편입 사례는 「로동신문」을 비롯한 북한 언론이나 전선전단 등에 다수 나타난다. 1950년 7월 17일 김책 북한군 전선사령관은 인민군에 투항한 수천 수만 명의 국군 장병들이 과거를 씻어 버리고 인민군과 의용군의 편에 서서 손에 무장하고 전쟁에 참가하고 있다고 말했다. 영원과 덕천에서 포로가 된 국군 1,580명 가운데 332명은 각자 희망하는 대로 직장에 나가거나 학교에 보냈으며, 628명은 인민군에 입대시켰고, 나머지는 석방했다고 선전했다.

전쟁 중 미군이 노획한 북한군 문서 가운데도 귀환하지 못한 국군 포로의 처리 상황에 나타나 있다. 예를 들면 1952년 9월 북한군 제581부대에서 국군 포로 김봉균(제8사단 21연대 1대대 2중대 2소대 2분대)의 포로 등록 조서를 작성하면서, 성명·생년월일·출생지·현주소·소속 외에 성분, 재산 및 교육 정도·외국어 능력 등을 심사해서 국영농장에 배치했다는 사실을 알 수 있다.

최근 중국에서도 중국군과 북한군은 포로 석방을 선택하든지 남한 포로를 설득하여 북한에 참전시키는 정책을 추진함으로써 전쟁 포로의 수는 매우 적었다고 인정하기 시작했다. 그 규모는 1951년 1월 19일 펑더화이가 마오쩌둥에게 보내는 전문 속에서, 포로로 잡힌 남한 군대 사병 2만 명을 북한군 5개 군단에 나누어 배치하는 안을 제의한 내용이 소련 문서에 들어 있다. 중국 출신 연구자는 김일성이 마오쩌둥에게 미귀환 국군 포로 규모를 6만 명이라고 진술했다고 주장했다. 탈북한 조창호 중위는 남으로 송환하지 않고 교화소에 잡아 놓은 포로의 수효를 3만 명에서 5만 명 정도로 추정했다.

미귀환 국군 포로 가운데에는 시베리아 강제노동수용소에 이송되었다는 설도 끊임없이 제기되었다. 이미 1993년 11월 중순, 국내 언론에서 미국 국방부 내부 보고서를 인용하여 "한국전 때 공산군에 붙잡힌 한국군 포로 수천 명이 비밀리에 구소련으로 끌려갔다"라고 보도했다. 이는 1992년 11월 전쟁 시기 포로 이송에 관여했던 강상호 전 북한 내무성 부상이 이 같은 사실을 폭로했다면서, 한국군 포로가 집단적으로 구소련에 끌려갔다고 주장했다는 것이다.

미귀환 국군 포로 문제의 해결 방안

정전 후에도 유엔군 측이 군사정전위원회를 통해서 1980년대 중반까지 미귀환 유엔군 포로에 대한 해명을 요구했다.

71

그러나 공산 측은 한때 남한 출신 의용군인 민간인 억류자로 석방된 인원과 송환거부 반공 포로의 강제 억류 주장을 반복함으로써, 문제 해결의 실마리를 찾지 못했다.

미귀환 국군 포로 문제는 북한 측이 국군 포로의 존재를 부인하는 입장에서 휴전협상 당시나 정전위원회에서와 같은 대립과 책임을 회피하기 위한 변명을 반복해서는 결코 해결되지 않는다. 이미 2007년 4월 10일부터 13일까지 금강산에서 개최된 제8차 남북적십자회담에서 남한 측은 국군 포로·납북자 문제 해결을 위해서는 기존의 이산가족 상봉방식으로는 한계가 있다는 점을 지적하고 별도 협의기구를 구성할 것을 제의했다.

이에 대해 북한 측은 이산가족 문제에 포함시켜 해결하자는 종전의 입장을 고수하여 쌍방간 입장 차이가 좁혀지지 않았다. 결국 쌍방은 "전쟁 시기 및 그 이후 시기 소식을 알 수 없게 된 사람들의 생사·주소 확인 문제를 이산가족 문제에 포함시켜 협의·해결해 나가는 것"으로 합의했다. 즉 이산가족 상봉행사에 납북자와 국군 포로를 공식적으로 포함하게 된 것이다.

고령의 생존자 상봉도 시급하지만, 국군 포로 문제의 근본적인 해결을 위하여 포로 규모와 생사 여부를 확인하는 것이 필요하다. 그동안 국군 포로와 납북자 가운데 일부 이산가족 형태로 상봉을 한 성과도 있지만, 정전협정 체결 60주년이 지나 전쟁 유산을 해결하는 차원에서도 포로의 규모와 생존자의 수 등을 가장 잘 알고 있는 북한 측은 포로 문제를 냉전 시대의 희생자라는 인식 위에 그 존재를 인정하고 인도적 차원에서 해결을 서둘러야 한다. 정부는 이미 일반 탈북자와 국군 포로를 통해서 확보한 포로 명단을 공개하고 북한 측에 해명을 요구해도 될 것이다.

한편, 중국과 러시아 정부에 협조를 촉구해야 한다. 전쟁 당시 중국군은 북한군과 함께 '조선인민군 및 중국인민지원군 전쟁포로 관리처' 혹은 관리훈련처를 편성하여 공동으로 운영했다. 따라서 정전협상 당시 포로의 명단을 교부할 때나 수용소를 관리할 때, 그들은 전체 포로의 규모나 수용 중 북한군 편입, 사망자 등에 대한 정보를 인지하고 있었을 것으로 보인다.

그러나 중국 정부는 북한을 의식해 6·25 전쟁 관련 자료를 매우 제한적으로 공개하고 있다. 중국 정부는 전쟁 기간 중 중국공산당 중앙과 마오쩌둥, '지원군 총사령부'는 포로 정책을 중시하여 '관대한 정책'을 실시했다고 주장해 왔다. 중국군의 전과에는 국군 투항자가 283명에 불과한 사실에서, 그들은 중국군이 획득한 국군 포로 3만 7,532명 가운데 미송환된 규모에 대해서 해명할 책임이 있다. 1951년 1월

19일 펑더화이가 마오쩌둥에 보내는 전문 속에 나타난 한국군 사병 2만 명을 북한군 5개 군단에 나누어 배치하는 안을 제의한 점이나, 중국 출신 연구자는 김일성이 마오쩌둥에게 미귀환 국군 포로 규모를 6만 명이라고 진술했던 주장 등에 대해서 관련 자료를 공개해야 한다.

러시아 정부도 휴전협상, 군사분계선, 포로 등의 문제에 대해 자료 공개를 꺼리고 있다. 1954년 2월 동부 시베리아 마가단의 수용소에서 귀환한 독일군 포로는 "1951년 9월 남한군 포로 50명을 마가단의 수용소에서 목격했으며, 그들이 6·25 전쟁 초기에 북한군에게 포로가 되었다고 들었다"라고 증언했다. 그러나 러시아 국방부는 국군 포로의 시베리아 이송설에 대해 부인하면서 관련 자료의 협조를 현재까지 거부하고 있다.

또한 러시아 국방부 자료에 의하더라도 국군 포로 규모는 4만 1,000명으로 파악되고 있으며, 귀환자와 사망자 등으로 파악된 1만 1,000명을 제외해도 미해명된 포로는 약 3만 명에 이른다. 이미 중국인 학자가 발굴한 1953년 12월 평양 주재 소련대사관에서 보낸 자료에는 1만 3,000여 명의 국군 포로가 북한에 남아 있다고 기술되어 있는데, 이에 대한 구체적인 해명이 필요하다.

휴전협상과 납북자 문제

납북자 규모

전시 납북자는 6·25 전쟁 중 북한군이 남한을 점령할 때, 미처 피난 가지 못했다가 북한으로 강제로 끌려갔던 인사들이다. 납북 피해는 두 차례에 걸쳐 발생했다. 첫 번째는 북한군이 1950년 6월 28일 서울을 점령한 이후 미군을 비롯한 유엔군의 참전으로 서울을 수복한 9월 28일 시기에, 거의 90퍼센트의 납북자가 발생했다. 두 번째는 중국군의 참전 이후 국군과 유엔군이 37도선인 수원선까지 후퇴하였다가 1951년 3월 16일 재차 서울을 수복한 시기에 이루어졌다.

납북자의 규모는 [표 4]에 나타난 것처럼 의용군의 포함 여부에 따라 다양하다. 1951년 12월 이철원 공보처장은 납북자 2만 7,133명을 포함해 억류 또는 행방불명자로 간주되는 시민의 수효는 11만 7,000명에 이른다고 발표했다. 1954년 전후에 내무부 치안국에서 작성한 피랍치자명부에는 1만 7,940명이 정리되었다. 이렇게 규모가 줄어든 이유는 국제적십자사를 통해 납북자 소식을 알리기 위해 강제 징집된 의용군과 청년층을 거의 제외시키고 호주 중심으로 조사되었기 때문이었다.

따라서 2006년 '6·25 전쟁 납북자 가족협의회'에서 수집한 여러 종류의 명부를 대조한 김명호 교수의 정리가 유용하다. 그는 공보처 통계국이 1950년 작성한 '서울특별시 피해자 명부', 1952년 작성된 '6·25 사변 피랍치자 명부', 내무부 치안국이 1954년 작성한 '피랍치자 명부' 등 5개의 명단을 대조해 11만 2,687명 중 중복자를 제외시켜 납북자 규모를 9만 6,013명으로 분석 정리했다. 정부는 2010년 9월 27일 「6·25 전쟁 납북피해 진상규명 및 납북피해자 명예회복에 관한 법률」이 시행됨에 따라, '6·25 전쟁 납북 진상규명 위원회'를 설치하여 전시 납북자 문제에 대한 본격적인 진상규명을 추진하고 있다.

시기	조사 부서	납북자 규모	의용군	비고
1950.12	공보처	2,345		의용군 제외
1951.8	6·25 사변 피랍치 인사 가족회	2,527		학생 120 청년단 442
1951.12	공보처	2만 7,133 (전체 11만 7,000여 명)		실종자 90,229
1952.1	내무부 치안국	3만 6,472 (전체 12만 6,325명)	7만 3,613	자발적 의용군 1만 6,240명 별도
1952.10	공보처 통계국	8만 2,959		의용군 포함
1953	내무부	8만 4,532		의용군 포함
1954	내무부 치안국	1만 7,940		호주 중심
1956.7	대한적십자사	7,034		
1964. 10	법무부	8만 4,532		의용군 포함 (추정)
2006.8	한국전쟁 납북 사건 자료원 종합	9만 6,013		의용군 포함 (농업 종사자 등)

[표 4] 납북자와 의용군 규모(단위: 명)

사회적 지도 인사의 피랍

북한군이 남한을 점령할 때 공산주의 선전의 앞잡이로 활동하다가 북한으로 도주한 월북 인사와는 달리, 납북자는 정부의 서울 사수 발표를 믿고 미처 피난하지 못했다가 북한군에 끌려갔던 인사들이다. 납북 피해자는 크게 지도적 인사와 의용군으로 나눌 수 있다.

북한군이 점령한 3개월 동안 수많은 인사가 북으로 납치당했다. 한 피랍자의 부인이 "한강이 원수지요"라고 말한 것처럼 1950년 6월 28일 새벽 한강인도교의 조기 폭파 때문에 피난을 가지 못해 발생한 경우가 많았다. 남한의 주요 인사를 납치하는 것은 정치보위부가 주도했다. 정치보위부는 전 국립도서관 터(현 롯데백화점)에 요인, 정치범 등을 구금했다가 유엔군의 인천 상륙작전 후에 이들을 북으로 끌고 갔다. 정인보는 낙원동에 있는 한양병원에 피신 중이던 7월 31일 납북되었고, 안재홍은 1950년 9월 21일 북한 정치보위부에 연행되었다. 정치보위부에 연행된 인사 중 일부는 서대문형무소에 수감된 후 열차나 육로로 납북되었다. 일부는 평양까지 끌려갔다가 유엔군이 북진해 오던 틈을 이용해 탈출했다. 그러나 북한 측은 납치란 말을 부인하고 자발적으로 왔다고 반박했다.

대표적인 직업별 인사는 국회의원 및 정치인, 법조인, 경찰, 행정 공무원, 교수 및 교원, 기술자, 의료인, 기업체 임원, 예술가 등이다. 납치된 주요 정치인은 김규식(임시정부 부주석), 조소앙(한국독립당 당수), 안재홍(민정장관) 등이었다. 관료는 김효석(내무부 장관), 고창일(초대 외무부 차관, 외무부 장관 서리), 구자옥(경기도지사) 등이 있었고, 그중에는 친일 인사인 서울시 경찰부국장 최운하 등도 포함되었다.

학자는 정인보(초대 감찰위원장), 손진태, 현상윤(고려대 총장) 등이고, 이광수, 김안서, 김동환, 김진섭 등 문인도 많았다. 언론인으로는 백관수(전 동아일보 사장), 장인갑(동아일보 편집국장) 등과 성결교회 박형규 목사, 장로교회 오택관 목사 등 종교인들도 다수 포함되었다. 그 외에 외국인 외교관, 선교사, 언론인 등이 납북되었는데, 홀트(Vyvyan Holt) 주한 영국공사와 부영사 등도 포함되었다.

납북자 가운데 대다수는 의용군

지도층 인사들의 납치가 점령 전에 사전 계획에 의한 것이었다면, 의용군들은 남한에서 전선으로 강제로 끌려간 사람들이 대부분이었다. 1951년 말 당시 정부가 정리한 피납자 조사에서 전체 12만 6,000여 명 가운데 의용군이 약 9만

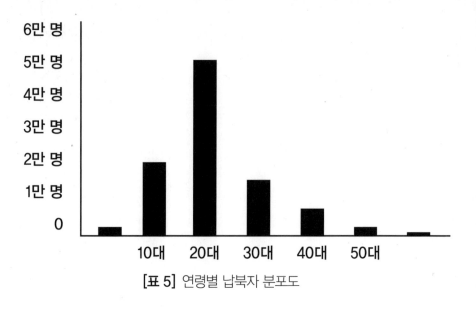

[표 5] 연령별 납북자 분포도

명을 차지했다. 이들은 납북자라고 하면 연상되는 정치지도자, 학자, 우익 단체 간부 등 사회지도층 인사와는 달리, 낙동강 전선에 투입된 학생, 청장년이었다.

납북자의 98.1퍼센트(9만 3,939명)가 남성이고, [표 5]에서 나타나듯이 연령상으로는 납북자의 84.6퍼센트(8만 1,240명)가 16세부터 35세인 청장년층이다. 강제로 북한군에 끌려갔던 의용군도 전쟁의 피해자이며 납북자 범위에서 마땅히 다루어져야 할 것이다.

전쟁 초기 북한군은 국군의 저항을 무력화시키면서 한편으로 남한 주민의 조직적 동원을 추진했다. 그들은 의용군 모집 사업을 원만히 추진하기 위한 상설기구로서 '인민의용군 조직위원회'를 조직하고, 서울을 비롯한 주요 도시에 훈련소를 설치하고, 의용군 입대자들에게 단기 군사정치훈련

의용군 동원 북한 선전 전단(출처: NARA)

을 시켜 인민군에 편입한다는 방침을 결정했다.

북한군이 압도적인 우세를 보인 전쟁 초기 남한이 곧 패망할 것이라고 믿었던 좌익 세력들과 청장년들은 자원하여 전선에 출동했다. 학생들도 조직적으로 참여했다. 그러나 미군이 참전하면서 분위기는 점차 반전되었다. 전투 중 미군의 공습이나 장비에 열등감을 느끼게 되었고, 결국 전쟁에서 인민군이 패배할 것이라는 인식이 일어났다. 1950년 7월 초에 이미 미군이 전쟁에 개입하면서 공습이 크게 잦아지자, 북한 주민 중에는 정치적 사기가 저하되고, 전쟁의 승리에 대한

의구심을 갖는 자가 생겨나기 시작했다.

1950년 7월 중순부터 서울을 점령한 북한군은 조직적으로 기관을 동원하여 청년 남녀는 모두 의용군 대열에 나서라면서, 마을에서 학교에서 직장에서 모집했다. 의용군으로 끌려갔다가 끝내 전사한 휘문중학교 6학년 한 학생이 쓴 1950년 7월 25일자 일기에 의하면, 학교에 나와서 등록하라고 하고는 직접 전선으로 끌고 갔다고 했다.

낙동강 전선이 교착되었고 병력 소모가 심해진 1950년 8월 초부터 북한 당국은 병력을 조직적으로 동원하기 위해 지역별 할당제로 모집했다. 각종 위원회에서 회의를 빙자하여 회합시킨 후 즉시 전선에 출동시켰고, 심지어는 새벽에 가택 수사와 가두 모집이 이루어졌다. 일부 유명 문인들은 문학가 동맹에 가입하여 의용군 출전을 장려하기도 했다.

전쟁 포로 협상에서 민간인 교환 제외

납북자의 구출은 국군, 유엔군의 북진과 휴전협상 시기가 적기였다. 이승만 대통령이 북진 시기에 납북자 가족들이 직접 피랍자를 구출할 수 있도록 북한으로 가는 것을 허용했지만, 피랍자들은 이미 북쪽으로 이송된 상황이어서 일부 탈출자를 제외하고는 구출되지 못했다.

따라서 휴전협상은 놓칠 수 없는 기회였다. 판문점 휴전 회담에서 포로 교환 문제가 논의되자, 피랍자의 가족은 물론 각 정당 사회단체 및 언론계에서도 정전이 되면 포로교환과 함께 의용군을 포함해서 피랍된 민간인의 석방이 이루어지기를 기대했다. 정부와 피랍자 가족회를 비롯해 국내 여론은 피랍치자를 포로로 처리해 귀환되기를 원했다.

휴전협상 초기인 1951년 8월 25일 '피랍인사가족회(대표자 김영애)'에서는 무초 대사, 밴 플리트 미 8군 사령관 등에게 편지를 보내, 협상에서 피랍자의 귀환문제를 의제로 상정할 것을 요구했다. 1951년 12월 13일 민주국민당에서도 "납치된 무수한 군민은 포로로서 교환되어야 한다"라고 주장했다.

1952년 1월 1일 유엔군 대표는 전쟁에서 포로가 되었거나 또는 고향을 떠난 모든 유민(displaced)을 교환하자고 제안했고 공산군 대표들이 이에 동의했다. 이때 유엔군 측은 납치라는 표현도 쓰지 않았고 그 규모도 구체적으로 요구하지 않은 채 많은 수의 남한 시민들이 북쪽으로 휩쓸려 갔다고만 언급했다.

1952년 1월 4일 회의에서 리비 제독은 중학생 수백 명이 강제로 인민군에 징집되었다고 지적한 후 7일과 10일 회의에서는 수천 명을 언급하면서 공산 측에 그 규모에 대해 수차 요구했다. 이에 대해 공산 측은 오히려 정전협상에서

50만 명의 북한인 송환을 요구했다. 1월 4일 회의에서 그들은 외국인 외에 소수의 민간인을 억류하고 있다고 말했다. 그 후 17일 회의에서는 아예 어떠한 민간인도 억류하고 있지 않고 그런 수용소를 갖고 있지 않다고 했다.

북한 측의 월남민 송환요구에 대해 변영태 외무부 장관은 1952년 1월 2일 "판문점 회담에서 쌍방에 다 납치 인사가 있어 교환되어야 할 것 같은 인상을 주는 어구가 사용된 것은 언어도단으로 불가한 일이다. 본래 납치 행동은 공산도배의 일방적인 야만적이며 비인도적인 행동으로 대한민국 관헌은 일찍이 한 사람의 납치도 행한 일이 없다"라고 비판했다.

그러나 미군 측은 공산 측의 반발과 휴전협상의 조기 체결을 위해 포로 문제를 우선하였으며, 납북자 문제를 새로 강경하게 요구한다면 협상이 더 지연될 것을 우려했다. 그들은 휴전안에 협정의 효력 발생 후 민간인의 교환규정이 있다는 점을 들어 안일하게 처리했다. 당시 미군 측은 북한에 있는 남한인 11만 7,000명 중 약 1/5만이 납치된 것으로 파악했다. 한국 정부도 피랍인사 2,527명과 실종 민간인 1,202명 등 총 3,729명의 명단을 제시했을 뿐이었다.

여기에 유엔군 측은 거제도 포로수용소에 있던 남한 출신 의용군이었던 포로를 민간인 억류자(civil internees)로 분류한 후 석방했던 조치로 민간인 납치 문제에 대해 휴전협상에서 어려움에 빠졌다. 왜냐하면 1951년 12월 포로 명단을 교부할 때 의용군 출신 4만 4,000명을 제외한 13만 2,000여 명을 통보하자, 공산 측이 이에 대해 공격을 계속했기 때문이다. 그들은 유엔군 측이 제시한 포로 명부가 국제적십자사에 보고된 숫자와 비교하여 4만여 명이 탈락되었다고 비난했다.

유엔군 측은 휴전협상에서 포로의 민간인 억류자 분류와 석방으로 공산 측의 비난을 받은 가운데 북한으로 송환되기를 희망하는 인원이 약 1만 명이라는 점을 활용하여 적극 반박하지 않았다. 남한 출신이 모두 석방된 것이 아니라 민간인 억류자 가운데 부상병 교환 시에 449명, 정전 후에 9,352명 등 9,801명이 북한으로 송환되었다. 이 규모는 휴전 후 북한으로부터 돌아온 귀환 국군 포로 8,000여 명보다 많았다. 송환 희망 민간인 억류자들은 남한 출신이면서도 이념적 성향 때문에 북한으로 송환되기를 희망했다.

결국 휴전협상에서는 포로 명단에서 누락된 '국군 포로'와 함께 북한에 남게 된 의용군 출신도 사라지게 되었다. 이 과정에서 남북이산가족 상봉 때 전쟁 시기 및 정전협정 후 작성된 피랍자 명단에 없는 인사가 등장한 것처럼 자진 월북자이거나, 전쟁 시기 남한의 강경한 부역자 처벌에 따른 북한 도주자 등만 부각되었다.

유엔군 측과 공산 측은 휴전협정이 서명된 후, 피난민은 그들의 선택 지역으로 돌아갈 수 있다는 데에 동의하여, 휴전협정 제59조에 특별 규정이 마련되었다. 우리 측은 휴전 후 군사정전위원회를 통해 전쟁 중 피랍 민간인에 대한 문제를 제기했으나, 실향민을 교환할 때 북한에서 납북자 송환은 전혀 없었다. 남한에서는 1954년 3월 2일 유엔군 사령부에 의해 37명을 북으로 보냈으나, 공산 측은 터키인 11명, 러시아인(백계) 8명 등 외국인 19명만을 송환시켰다. 외국인을 제외하고 일반 납북자는 물론 의용군 출신도 전혀 귀환자가 없었다. 이에 따라 가족들은 1954년 3월 13일 "살았느냐 죽었느냐"를 밝히라고 '피랍인사 구출대회'를 개최했다.

피랍자 문제는 판문점에서만 논의한 것이 아니라 국제적십자사와 유엔 등 세계에 호소했다. 1960년대에는 국제사회에 호소하기 위해 납북자 규모를 다시 8만여 명을 주장했다. 1961년 4월 18일 대한민국 대표단은 북한이 한국 전쟁 중에 납치한 8만 명의 납북 인사들을 송환함으로써 유엔헌장을 존중하라고 촉구했다. 1964년 11월 20일 법무부에서 북한군에게 강제로 납북된 8만 4,532명의 송환에 대해 북한 측과의 해결이나 조정이 불가능한 점을 들어 유엔의 조정 개입을 정식으로 요청했다.

정전협정 조인과 당사자 지위

협정 조인

한국 정부와 국민들의 결사적인 반대에도 불구하고 정전 협정은 1953년 7월 27일 오전 10시 12분 판문점에서 조인되었다. 그러나 조인식에는 유엔군 사령관, 북한군 및 중국군 대표가 직접 참여하여 서명하지 않았다.

88쪽 아래 정전협정 조인식 장면에서 유엔군 측과 공산측 서명자가 누구인지 금방 알아채기 어려울 것이다. 왜냐하면 조인식의 인물은 정전협정 서명자인 클라크 유엔군 사령관이나 펑더화이 중국군 사령관 등이 아니기 때문이다. 유엔군 측 휴전협상 대표 해리슨 중장을 비롯한 13개 유엔참전국의 대표 장성들이 참석했고, 휴전을 반대하는 한국군 대표만은 참석하지 않았다.

판문점 정전협정 서명식에서 양측 사령관이 만나지 못한 이유는 공산 측이 남한 기자를 비롯해 한국인을 제한하도록 요청했기 때문이었다. 클라크 유엔군사령관은 그러한 불합리한 요구에 응할 수 없었다고 이승만 대통령에게 분명히 했다. 오전 10시 양측 대표는 공산 측이 건축한 커다란 목조건물의 동서 양측으로부터 입장했다. 내부 양측에 마련된 3개의 청색 탁자 가운데 동쪽 탁자에는 유엔군 수석대표 해리슨 장군, 서쪽 탁자에는 공산 측 대표 남일이 앉았다. 한

정전협정 조인식 장면

국어, 영어, 중국어의 3개 언어별로 인쇄된 휴전협정조문 각 3통씩 모두 9책의 협정문서에 봉하여 공산 측 대표 남일이 먼저 탁자에 준비된 펜을 들어 서명했고, 이어 해리슨 중장이 서명했다.

말없이 서명을 끝낸 양측 대표들은 무표정한 얼굴로 각기 동서 양측 출구로 나갔다. 정전협정 문서는 곧 문산에 대기 중인 클라크 유엔군 사령관에게 헬리콥터 편으로 발송되어 13시에 서명되었다. 이로써 휴전 조인 직전까지 치열했던 쌍방의 포화는 22시부터 완전히 멈추었다.

3년 1개월간 계속되던 정전협정 조인에 대해, 한 기자는 "백일몽과 같은 11분간의 휴전협정 조인식은 특히 우리 한국에게는 너무나도 비극적이며 상징적이었다. …… 한국을 공적으로 대표하는 군 장교는 한 사람도 볼 수 없었다. 쌍방 대표인 해리슨 미 육군 중장과 남일 사이에는 …… 가벼운 목례조차 없었다"라고 소개했다. 이러한 정황은 협정 조인 후의 갈등을 시사한 것이었다.

정전협정과 휴전협정의 차이

휴전과 정전이 서로 혼용되고 있다. 중국 웹에서도 그 차이에 대해 논란이 있다. 한영사전에도 휴전과 정전 모두 3개

단어(ceasefire, truce, armistice)가 나열되고 있어서 그 명확성에서 혼란이 있다. 그러나 영어권에서는 'truce'나 'ceasefire'는 일시적 중지로 협정을 위한 과정이고, 'armistice'는 "교전당사국이 전쟁을 중지하기 위한 공식 협정(a formal agreement of warring parties to stop fighting)"이라는 의미로 사용되고 있다. 정전협정의 영문본은 'Armistice Agreement'이다.

정전(armistice)도 라틴어의 어원으로 따지면 싸움을 중단하는 것이므로 휴전과 매우 유사하다. 그러나 휴전(ceasefire)은 말 그대로 전투를 잠시 멈추는 것이고, 정전은 평화체제와는 구분되지만 전후 지속적인 평화(a lasting peace)를 모색하면서 싸움을 장기간 멈추는 하나의 체제로서 성격이 강하다는 점을 지적할 수 있다. 중국의 대표적인 『신화자전(新華字典)』에 따르면, "휴전은 기한이 있고 국지적인 정전(一般指有限期的或局部的停战)"이라고 하고, 정전은 "국지적이거나 전면적 혹은 기한이 있거나 무기한적인 교전의 정지 상태까지를 포함하는(有局部和全面´有限期和无限期)" 개념으로 구분하고 있다..

1953년 7월 27일 체결된 협정의 정식 명칭은 '정전협정'이다. 그런데 정전이라는 용어가 정의한 대로 무기한적으로 체제가 다소 안정된 듯 보이나, 남북한 사이에는 언제라도 폭발할 수 있는 갈등이 내포되어 있으므로, 현재 '정전'이라는 용어보다 휴전 상태라는 표현이 적절할 것이다. 우리나라에서는 정전선 대신에 휴전선이라고 쓰고 있다.

아군 측 정전협정 당사자는 유엔군

협정 체결 당시 한국군 대표가 빠진 이유는 우리 정부가 휴전을 반대한 결과이기도 하다. 이승만 대통령은 우리는 정전에 서명하지는 않을 것이지만, 미국이 상호방위조약의 합의에 도달했다는 확신을 심어 준다면 정전을 방해하지 않을 것을 약속했다.

한국군이 정전협정의 체결에 불참한 것은 전후 북한 측으로부터 한국은 정전협정의 당사자가 아니라고 주장하는 빌미가 되었다. 북한이 1974년 이후 평화협정 대상으로 미국을 주장하고 있으나, 이러한 미국과의 평화협정은 주한미군 문제를 포함시키고 한국과 중국을 배제하는 등 추진 과정에 논란이 많다.

1991년 3월 한국군 장성을 군사정전위원회 유엔군 측 수석대표로 임명하자 북한 측은 한국군이 정전협정에 서명하지 않았기 때문에 정전협정 당사국이 아니라는 논리로 수석위원이 참석하는 군사정전위원회 본회의 개최 거부, 수석위원 명의의 전문 접수 등을 거부했다. 이미 민족 공조를 내세

Done at Panmunjom, Korea, at 1000 hours on the 27th day of July, 1953, in Korean, Chinese, and English, all texts being equally authentic.

KIM IL SUNG

Marshal,
Democratic People's
  Republic of Korea

Supreme Commander,
Korean People's Army

PENG TEH-HUAI

Commander,
Chinese People's
  Volunteers

MARK W. CLARK

General,
United States Army

Commander-in-Chief,
United Nations
  Command

PRESENT

NAM IL

General,
Korean People's Army

Senior Delegate,
Delegation of the Korean
  People's Army and the
  Chinese People's
  Volunteers

WILLIAM K. HARRISON, Jr.

Lieutenant General,
United States Army

Senior Delegate,
United Nations Command
  Delegation

우면서도 미국과 불가침협정, 평화협정 체결을 강조하는 모순된 행동을 보이고 있다.

미군이 정전협정의 서명자인 것이 분명하나, 유엔군 사령부는 대한민국을 포함한 17개 연합국을 대표하는 까닭에 유엔사령관의 서명만으로 충분했던 것이다. 한국은 교전 당사자일 뿐 아니라 한국군도 정전협정의 간접적인 당사자인 것이다. 1953년 6월 이승만 대통령이 반공 포로를 석방했을 때 한국의 정전협정 이행 책임 문제에 대해, 북한 측은 이승만과 남한군이 "비록 정전협정에 직접 조인하지 않았다 하더라도 협정의 제 조항을 엄격히 준수하며 적대적 군사행동을 중지하여야 할 법적 의무를 부담한다"라는 점을 주장했다.

이미 1988년 노태우 정부 시절부터 평화협정은 미국과 북한이 아니라, 남북한 최고당국자 사이에 이루어져야 한다는 것이 기본 입장이었다. 김영삼 대통령도 1995년 8월 15일 광복절 경축사에서 "한반도 평화체제의 구축 문제는 반드시 남북당사자 간에 협의·해결되어야 한다"라는 점을 강조했다. 김대중 대통령은 "평화협정은 남북한과 미국, 중국 등 한국 전쟁 참전국의 4자회담에서 논의되어야 한다"라는 입장을 밝혔다. 즉 평화체제를 구축하기 위해서는 남북한이 평화협정의 당사자가 되고, 미국과 중국이 이를 지지하는 4자회담을 주장했던 것이다. 참여정부에서도 2005년 가을 미국 측에 "평화협정의 주체는 남·북·미·(중)으로 한다"라는 점을 제시했고 이에 대한 미국의 동의를 얻었다고 했다.

2007년 10월 4일 남북공동선언 시에 "남과 북은 현 정전체제를 종식시키고 항구적인 평화체제를 구축해 나가야 한다는 데 인식을 같이하고 직접 관련된 3자 또는 4자 정상들이 한반도 지역에서 만나 종전을 선언하는 문제를 추진하기 위해 협력해 나가기로" 했다. 이때 북한이 한국의 당사자 지위를 공식 인정했다고 했지만, 북한 측은 '3자 혹은 4자'라는 표현에 매달렸다. 그러나 남한 측 협상대표는 3자 혹은 4자만으로는 한국이 빠지는 것을 우려해 '직접 관련된' 표현을 포함시켰다.

정전협정의 효력

정전협정은 제1조 군사분계선과 비무장지대, 제2조 정화 및 정전의 구체적 조치, 제3조 전쟁포로에 관한 조치, 제4조 쌍방 관계정부들에의 건의, 제5조 부칙 등 5개 조 63항으로 구성되었다. 이러한 정전협정의 모든 규정은 1953년 7월 27일 22:00시부터 효력을 발생한다고 규정되어 있다. 그리고 정전협정의 각 조항은 쌍방이 수정 및 증보 또는 쌍방의 정치적 수준에서의 평화적 해결을 위한 적당한 협정 중의 규정에 의하여 명확히 교체될 때까지는 계속 효력을 가진다 (62항).

정전협정의 효력은 조인이 끝난 뒤 12시간 이내로 쌍방의 사령관은 각기 육군, 해군, 공군 등 일체의 군사적인 행동을 완전히 정지하라는 명령을 내려야 했다. 협정의 효력이 발생한 지 72시간 내에 비무장지대에서 모든 군사력과 무기, 장비가 철거됐고, 45일 이내에 폭발물, 지뢰, 철조망, 요새, 진지 등이 제거되면서 비무장지대가 설치됐다. 정전협정의 조인이 끝난 뒤 5일 이내로 양편은 다 같이 상대방의 연안도서로부터 군사력을 거두어야 했다. 그런데 북한 측이 남한 해안에 점령하고 있는 섬들이 없으므로 실질적으로 남한만 북한 해역에서 철수하되 백령도, 대청도, 소청도, 연평도와 우도 등 5개 도서는 계속해서 관리하도록 했다.

정전협정에 유엔군 사령관과 북한군 최고사령관, 중국군 사령관이 "한국에서 적대 행위와 일체의 무장행동의 완전한 정지를 보장하는 정전을 확립할 것"(협정 전문)에 서명했다. 표면적으로는 공산군 측에서는 중국과 북한이 전쟁 당사국이지만 정전협상 과정이나 전후 냉전이 계속되는 동안 소련의 입장이 반영되었다.

북한 측은 1994년 4월 28일 군사정전위원회 대표를 일방적으로 철수시키고, 중국 측 군사정전위원회 대표를 본국으로 소환시켰다. 중국군이 1958년 북한 주둔군을 철수한 데 이어 군사정전위원회 대표를 철수하여, 북한의 입장이 더욱 강화되었다. 그러나 1990년대 소련과 동구권이 붕괴된 후, 북한이 더욱 약화되고 중국이 부상함에 따라 정전체제의 유지 과정에서 중국의 역할이 커질 것이다.

정전협정은 막대한 인명을 앗아간 전쟁을 중지하고 평화적 해결이 달성될 때까지 한반도 내에서 적대 행위와 일체의 무장 행동의 금지를 규정하는 군사협정이다. 즉 정전협정은 남북한 각각 상대방의 지상, 해상, 공중 등으로부터 벗어나 있도록 했다. 하지만 정전은 3년간의 전쟁으로 수많은 인명과 재산상의 손실에도 불구하고, 당시 한국인의 우려대로 최종적인 평화적 해결이 달성될 때까지 한국에서 적대 행위를 정지하는 것으로 결국 전쟁 이전의 불안한 상황으로 복귀하는 데 그쳤다.

정전은 적에게 전력 증진과 재침략의 기회를 줄 수 있었다. 즉 북한은 전쟁 중 아군의 공군과 해군력에 비해 열세였으나 정전 성립과 동시에 비행장을 복구하고 증설하는 등 대폭적인 전력 증강을 할 수 있었다. 이 때문에 정일권 육군 참모총장은 휴전 후 "어쩌면 전쟁 3년간보다 더 큰 시련을 강요할지 모른다"라고 우려했다.

정전 직후 이승만 정부는 국가 안전을 보장하면서 정전

체제의 유지보다 어떻게 스스로 방위할 수 있는가에 초점을 맞추었다. 6·25 전쟁 초기에 T-34 소련제 탱크의 위력에 우리 국군은 속수무책이었다. 전쟁을 사전에 대비한 북한에 비해, 우리는 장비의 부족과 기술력에서 차이가 났다. 그 대책은 한미상호방위조약과 같은 국제적 보장 및 국군 증강이었다. 그 이론적 배경은 상대방에게 효과적인 위협을 제시함으로써 자신의 안보를 확보한다는 억제론이다.

북한 측은 정전 직후부터 대남 평화공세를 취했지만, 통일을 위해 무력이 포기되어야 한다는 인식은 없었다. 김일성은 1953년 8월 5일 조선로동당 중앙위원회 제6차 전원회의에서 "정전협정을 체결함으로써 우리 조국의 통일 문제를 평화적으로 해결할 수 있는 가능성을 얻게 되었다"라고 말했다.

그러나 휴전 이후 남한에 미군이 주둔하고 한미상호방위조약이 체결되어 있는데도, 북한 측은 비무장지대 도발, 무장간첩 남파, 판문점 도끼만행사건, 미얀마 랭군 아웅산 폭파사건 등 수많은 도발을 통해 정전체제를 불안하게 만들어 왔다. 이렇게 정전협정 조인 후 군사분계선상에서 분쟁이 끊이지 않고 발생했다. 그럼에도 불구하고, 주한미군 주둔, 한미상호방위조약 등의 기여도 있지만, 정전협정은 지난 60년이 넘도록 한반도에서 전쟁이 재발되지 않도록 기여했다.

정전 후 전투 행위와 정전 상태를 감시하기 위한 기구

정전 감시기구의 이원화

정전협정의 준수에 대한 감시 체제가 미흡하면 위반 사건이 일어나기 쉬울 것이다. 정전협정의 감시기구로 군사정전위원회(MAC, Military Armistice Commission)와 중립국감독위원회(NNSC, Neutral Nations Supervisory Commission)가 편성되어 휴전 후 정전 조건들의 실행을 담당했다.

휴전협상에서 유엔군 대표는 전후 모든 통제임무를 양측의 대표로 구성된 군사정전위원회에 일임하자고 제안했었다. 1951년 6월 30일 미 합동참모본부(JCS, Joint Chiefs of

Staff)는 군사정전위원회가 전후 감시를 위해 전 한국에 대해 자유롭고 무제한적인 접근이 가능해야 한다는 의견을 제시했다. 그러나 북한과 중국 측은 군사정전위원회가 한반도 전체를 관할함으로써 각 당사자 내부의 일까지 관여하는 것을 원하지 않았다. 그들은 비무장지대 이외의 지역을 관할하는 중립국 대표들로 이루어진 감시조직을 두자고 역제안을 해왔다. 유엔군 사령부도 중립국감독위원회와 군사정전위원회의 역할 구분에 동의했다.

중립국감독위원회의 구성에 대해 소련을 두고 논쟁을 벌이기도 했다. 한국 정부는 변영태 외무부 장관의 주장대로 "공산권 세계는 단일한(monolithic) 것으로 다른 어떤 나라가 전쟁에 참여하는 한 중립이 될 수 없다. 그러니 중국이나 소련과 마찬가지로 체코나 폴란드도 중립국이 아니다"라는 입장이었다. 하지만 휴전 감시기구의 구성 문제는 소련을 중립국으로 포함시키려는 공산 측의 주장이 철회됨으로써 1952년 5월 말 합의되었다.

군사정전위원회는 비무장지대와 한강 하구에 관한 각 규정의 집행을 감독하고, 중립국감독위원회는 비무장지대 외의 남북한 지역에 각각 지정된 5개 항구에서 병력배치와 교대, 장비와 무기의 도착과 퇴거 위반사항에 대한 감시를 수행했다. [표 6]과 같이 군사정전위원회는 10개 조의 공동감

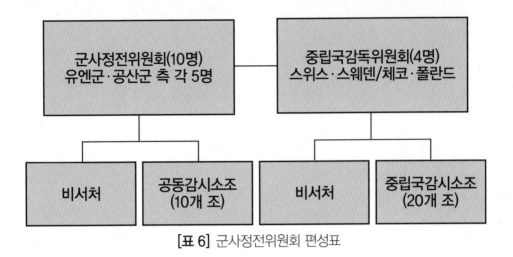

군사정전위원회(10명) 유엔군·공산군 측 각 5명	중립국감독위원회(4명) 스위스·스웨덴/체코·폴란드
비서처 | 공동감시소조 (10개 조)	비서처 | 중립국감시소조 (20개 조)

[표 6] 군사정전위원회 편성표

시소조(JOT, Joint Observer Team)를 두었고, 중립국감독위원회는 20개 조의 감시소조를 두어 운용했다.

군사정전위원회는 양측의 대결장

군사정전위원회는 10인의 고위급 장교로 구성되는데, 그중 5인은 유엔군 사령관이, 나머지 5인은 북한군 사령관과 중국군 사령관이 공동으로 지명했다. 양측에서 동수로 구성된 군사정전위원회는 혼합조직으로서 의장 없이 양측 사령관은 5명의 위원 가운데 1명을 수석위원으로 임명하며 회의 시 발언권을 행사하여 쌍방 사령관의 대변인 역할을 하도록 했다. 휴전 직후부터 유엔군 측은 미군 장성이 대개 6개월 단위로 수석대표를 맡았고, 대표단으로 영국군, 태국군 등이 참여했다. 공산 측은 북한군 장성이 군사정전위원회 수석위원직을 수행하면서 중국군 2명이 참석했다. 한국군 장성은 임선하 소장이 1954년 3월 9일 제38차 군사정전위원회 회의에 처음으로 참석하게 되었다.

군사정전위원회의 임무는 정전협정의 이행을 감독하고 조약의 위반사항을 협상으로 타개하는 데 있었다. 즉 2011년 4월 샤프(Walter Sharp) 유엔군 사령관 겸 한미연합군 사령관이 역대 한국군 수석대표, 군사정전위원회 및 중립국감독위원회 관계자 축하연에서 강조한 것처럼 "유엔사 군사정전위원회의 가장 중요한 임무 중 하나는 155마일에 달하는 비무장지대의 정전상태를 감시하는 것"이었다.

군사정전위원회는 한강 하구는 제1소조로 하고, 비무장지대는 4개 지역으로 구분하여 각 5개의 공동감시소조를 설치하여 그 사업을 지도하도록 했다. 1953년 7월 28일 군사정전위원회 제1차 회의에서 유엔군 측은 각 팀에 3명씩의 영관급 장교와 필요한 행정 및 기술요원 정도를 주장했으나, 공산 측은 30명을 주장했다. 이에 유엔군 측은 공동감시소조 인원 구성에서 각 30명씩은 불필요하다고 여겨, 2명 내지 3명의 영관급 장교와 30명을 초과하지 않는 참모 보조인원 및 공작인원을 제공하도록 했다.

군사정전위원회의는 곧 논쟁적인 주제로 대립했다. 1954년의 경우에는 비무장지대 위반행위, 영공 침범, 무력 증강, 중립국감독위원회 활동 방해, 남북교류를 위한 비무장지대 개방 제의 등이었다. 이후에도 비무장지대 위반, 공중 및 해상 침범, 무력 증강, 간첩 침투, 공동경비구역(JSA, Joint Security Area) 위반행위, 군사훈련, 긴장완화 방안 촉구 등의 논쟁으로 대립했다. 그 외에도 공산 측이 도발한 항공기 격추 사건, 어선 격침 사건 및 피랍선원 송환, 땅굴 사건 등을 비롯해 그들이 외국군 철수, 병력 감축, 핵무기 생산 등의 문제가 제기되었다.

군사정전위원회는 군사적 충돌 사건이 일어날 때마다 열렸다. 그런데 회의는 상대방에 대한 비방을 위주로 해서 한

군사정전위원회 회의 모습(1959.5.22)

국어·중국어·영어로 몇 시간씩 진행되었으나, 대개의 경우 구체적인 성과를 내지 못하고 끝이 났다. 정전협정 위반 사항에 대해 비난과 반박으로 사실상 '제로섬 게임(zero-sum game)'으로 일관되었다. 이 때문에 회담장은 항상 고성과 욕설이 난무하고 상대에 대한 무시와 적의만 있었다. 국군대표로 회의에 참석했던 한 장성은 "네 말은 거짓, 트집, 욕설로 꽉 차서 내 어찌 네 말을 들으며, 또 내 말은 네 곧이 듣지 않으니 도대체 이 말씨름은 언제 끝이 나며 어느 해나 마감되느냐"라고 한탄했다. 회의는 무기를 사용하는 싸움이 말로 하는 싸움으로 바뀌었을 뿐이었다.

전후 미국은 정전체제를 감시해 왔으나, 휴전 후 얼마 되지 않아 군사정전위원회를 통해 공산주의자들이 정전협정을 준수하도록 하는 데에는 성공하지 못하고 있다는 점을 깨달았다. 휴전 후 군사정전위원회 등에서 10년간 참여했던 한 실무자는 공산주의자는 타협을 할 수 있는 집단이 아니어서, 군사정전위원회에서 한 일이라고는 "동의하지 않는데 동의했을 뿐"이라고 평가할 정도였다. 1965년 당시 유엔군 수석대표였던 야보로우(William P. Yarborough) 장군은 회의가 '냉소주의 경연장'이었다고 회고했다.

이미 이러한 소모적인 현상은 휴전 직후부터 나타났다. 1954년 5월 22일 유엔군 측은 공산 측이 군사정전위원회를 하나의 선전기관으로 삼으려 한다고 비판했다. 그 후에도 유엔군 측은 공산 측이 본회의를 공산권과 제3세계 국가에 왜곡하는 선전장으로 변모시켰다고 계속 지적했다. 1973년 11월 6일 제345차 군사정전위원회에서 유엔군 측은 공산 측의 행위는 지난 13차례의 회의에서 75퍼센트는 순전한 선전에 전념하는 것이었고, 겨우 25퍼센트만 군사정전위원회의 합법적인 사업에 해당하는 것이라고 하면서 부적절한 선전으로 회의의 잠재력을 허비하고 있다고 비판했다. [표 7]에서 나타나듯이 공산 측이 회의를 먼저 제기한 경우가 유엔군 측보다 훨씬 많았다. 비서장회의의 경우도 마찬가지였다.

수많은 도발사건을 해결하는 장이어야 했지만, 쌍방은 자기 측의 주장만 내세웠다. 정전회의에 참석했던 한 장성은 군사정전위원회 회의를 "쓸데없는 만남"이라고 기억할 정도

구분	계	1950년대	1960년대	1970년대	1980년대	1990년대
계	460	113	184	100	55	8
유엔군 측	120	40	49	16	14	1
공산군 측	340	73	135	84	41	7

[표 7] 본회의(제1~460차)(단위: 횟수)

였다. 이는 1990년대 초까지 미군 측이 주도하여 한국군 대표는 회의 때만 5명 중 1명으로 나가는 수동적인 입장 때문에 더욱 그러했다.

그럼에도 불구하고, 군사정전위원회는 협정 위반사실이 있을 때마다 회의를 소집해 남북한 간의 전면적인 무력대결을 억제하고 한반도의 정세안정에 기여해 왔다. 샤프 유엔군사령관은 "북한의 도발, 공격 및 1953년 정전협정 위반에 맞서기 위해 군사정전위원회의 임무는 매우 중요하다"라고 강조하면서, 군사정전위원회는 천안함 피격 및 연평도 포격 도발과 관련해 특별조사 활동을 펼쳐 유엔안전보장이사회에 조사 결과를 보고하는 등 임무를 수행했다고 높이 평가했다. 또한 군사정전위원회는 냉전시대 의사통로였으며, 현안에 대해 공산 측의 태도를 파악할 수 있는 장이었다고 긍정적으로 평가할 수 있다.

공동감시소조의 약화

공동감시소조의 활동은 군사정전위원회에서 "협정의 어떠한 위반 사건이든지 협의하여 처리한다"(정전협정 제24항 ㅂ목)는 규정에 따라 상호 합의 아래 어떠한 위반 사건도 조사할 수 있었다. 그러나 실제로는 어느 한쪽이 조사받기를 거부하면 조사할 수 없는 실정이었다.

공산 측은 제1차 군사정전위원회에서부터 담당구역에 공동감시소조를 즉시 파견할 것을 강조했다. 공동감시소조는 정전 직후 비무장지대에 묻힌 양측 전사자의 시신 정보를 교환하는 임무를 맡기도 했다. 그러나 군사분계선 표지를 마친 후 1954년 1월이면 유엔군 측은 공동감시소조의 활동이 많지 않으므로 축소하자는 논의가 있었다. 점차 정전협정 위반 건수가 늘어났는데, 공동감시소조의 조사 활동이 제대로 이루어지지지 못하거나 결과마저 인정되지 않아 그 위상이 약화되었다.

유엔군 측은 1953년 8월 13일 군사정전위원회에서 8월 9일 비무장지대 내에 북한 측이 건축하는 장면이 목격되었다면서 공동감시소조를 파견하여 조사할 것을 요구했다. 공산 측은 같은 해 11월 16일 아군이 군사분계선 북쪽으로 포사격을 했다고 공동조사를 요구했다. 1954년 7월 7일 한강 하구 수역 유엔군 측 순찰선 총격 사건에 대해 공동감시소조의 본격적인 조사 활동이 있었다. 그러나 공산 측은 유엔군 측이 유효한 증거를 제출하지도 못했다고 조사 결과를 부인했다.

1962년 9월 27일 제156차 군사정전위원회의에서 유엔군 측은 9월 5일 군사분계선 표지물 제0979호 부근에서 북한

공동감시소조 현지조사 회의(1963.9)

측 무장인원 6명이 침입하여 제초작업 중인 우리 측 인원에게 시비를 걸고 격투 중 총기를 발사하여, 공산 측 인원 3명이 사망하고 1명은 도주하였으며 2명의 부상자가 발생한 사건에 대해 보고했다. 이 사건에 대한 제4공동감시소조회의가 7차례에 걸쳐 비무장지대 표지물 제0979호와 제0980호 부근에서 열렸다. 유엔군 측 대표단은 무장한 북한 측 인원 6명이 정전협정을 위반하여 적대 행위를 감행했다고 보고서를 제출했다. 그러나 공산 측은 유엔군 측 보고서가 허위라고 반박하여, 양측은 절충점을 끝내 찾지 못하고 각각의 보고서를 군사정전위원회에 제출했다.

1963년 9월 3일부터 군사분계선 표지물 제0769호 부근에서 진행된 공동감시소조 제4조 회합은 유엔군 측 클라크 중령을 수석대표로 하여 참전국 연락단 장교와 현지부대 요원 26명, 기자단 14명 등 40명과 공산 측 김병남 중좌를 비롯한 장교 16명과 기자 3명 등이 참석했다. 그러나 양측은 3일간 회의를 통해 표지물 위치 변경과 간첩 북파 사건에 대한 대립으로 아무런 진척 없이 끝났다. 공산 측은 제181차 군사정전위원회의에서 유엔군 측이 간첩 2명을 북파했다고 주장하면서 공동조사를 주장했다. 12월 29일 유엔군 측 공동감시소조 위원이 1시간 동안 대기했으나 공산 측 소조원이 아무런 통보 없이 참석하지 않아 조사가 이뤄지지 못했다.

1966년 12월 16일 군사정전위원회 제236차 회의에서 유엔군 측은 북한 측의 연해 침범 사건 주장에 대해 공동조사를 하거나 중립국감독위원회로 하여금 사건을 조사하도록 요구했다. 이에 대해 북한 측은 1967년 1월 13일 정전회의에서 "중립국감독위원회의 기능을 회복하기 위해서는 불법 반입한 신형 무기를 조선 경외로 반출하고 협정 제13항 ㄹ목을 철저히 이행할 것을 약속하라"고 반박했다. 1967년 4월 5일 13시 43분경 북한군 5~8명이 판문점 동쪽 2킬로미터 떨어진 비무장지대의 중앙군사분계선을 넘어 미군 전방 초소(GP, Guard Post) 앞 20미터까지 접근하여 소총 40여 발을 사격했고, 북한군 초소에서도 사격함으로써 교전이 발생했다. 이때 유엔군 측은 공동조사 활동을 공산 측에 요구했으나, 그들이 이를 부인함에 따라 그 활동이 중단되었다.

특히 당포함 격침 사건, 청와대 기습 사건, 푸에블로호 사건이나 도끼만행 사건, 땅굴 사건 등 논란이 되고 있는 주요 사건에 대해 군사정전위원회에서 공동조사를 실시하지 못해 공동감시소조 활동을 크게 약화시켰다.

한편, 중립국감독위원회의 임무는 각각 지정된 5개 항구에서 병력 배치와 교대, 장비와 무기의 도착과 퇴거 위반 사항의 특별 감시를 수행하여 군사정전위원회에 보고하는 것이다. 즉 중립국시찰반은 인원, 탄약, 무기 등의 수입을 감시하여 분단된 양측의 연결고리를 깨지 않고 현상을 유지하며 상황을 개선시키려는 것이 그들의 목표이다. 중립국감독위원회는 정전협정에 따라 양 휴전 당사자 모두 그들의 전투능력을 1953년 7월 27일 정전협정 체결 당시의 수준 이상으로 높이지 않도록 감독할 의무가 있었다. 감독위원회는 정전협정 제36항에 의해 1953년 8월 1일 첫 회의를 개최했다.

그러나 군사정전위원회와 함께 중립국감독위원회는 서로의 정치이념이 충돌하는 2개의 대표로 구성되었다. 그러한 이유로, 중립국감독위원회와 감시소조의 활동은 극단적으로 반대되는 이데올로기 속에서 종종 예상과 다른 효과가 발생했다. 감시소조의 일을 방해하는 것에 대해, 양측은 서로를 비난했다. 감시를 못하게 할 목적으로 소조의 접근을 거부하거나 소조원을 공항에서 구금했다는 의혹이 발생하는 등 활동에 어려움이 많았다.

조사의 통보가 최소한 24시간 전에 이루어지도록 되어 있는 까닭에 북한 지역에서의 효과적인 감시란 처음부터 불가능한 것이었다. 즉 불시 감시는 이루어질 수 없었고 '준비된(prepared)' 시찰만 있을 뿐이었다. 교체되는 작전물자의 보고는 정전협정 제13항목의 규정에 따라 10일 이내에 군사정전위원회와 중립국감독위원회에 제출하게 되어 있었다.

초기부터 감시소조의 활동을 둘러싸고 양측은 대립했다. 북한으로 파견된 스위스·스웨덴 대표는 공산 측으로부터 방해를 받았다. 1953년 8월 20일 청진항을 감시하러 간 팀은 제대로 접근할 수 없었다. 1953년 11월 29일부터 1954년 2월 12일 사이에 중립국감독위원회 회의에서 북한에서 이동감시반의 활동을 허용하라는 유엔군 사령부의 요구는 6차례나 거부되었다. 남한 사찰을 수행한 폴란드와 체코 감시소조도 한국 정부로부터 전투 물자와 전혀 관련이 없는 것을 요구한다고 배척당했다. 남한 측은 공산 측 감시단 대표를 스파이라고 비난하면서 철수를 요구했다.

정전체제의 평화체제로 전환

정전협정 제4조 60항은 평화체제로 전환 기대

정전협정이 체결되었다고 해서, 전쟁이 끝난 것은 아니었다. 정전협정 제4조 60항에는 "한국 문제의 평화적 해결을 보장하기 위하여 쌍방 군사령관은 쌍방의 관계 각국 정부에 정전협정이 조인되고 효력이 발생한 후 3개 월 내에 각기 대표를 파견하여 쌍방의 한 급 높은 정치회담을 소집하고 한국으로부터의 모든 외국 군대의 철수 및 한국 문제의 평화적 해결 등의 문제들을 협의할 것을 이에 건의한다"라고 규정되어 있다.

이에 따라 정전협정 체결 후 3개월 내 협상이 이루어져야 했으나, 정치회담 교섭은 지연되어 1953년 8월 28일 제7차 유엔총회에서 정전협정의 체결을 승인함과 동시에 협정 제4조 60항에 의거한 한국 문제의 평화적 해결을 위한 정치회담의 개최를 환영하는 결의안을 채택했다. 같은 해 10월 26일부터 판문점에서 외국군 철수 문제와 한국 문제의 평화적 해결을 위한 예비회담이 시작되었으나, 참가국의 범위와 의제 문제로 아무런 성과 없이 결렬되었다.

그 후 정치회담은 1954년 4월 26일부터 6월 15일까지 제네바에서 열렸으나, 쌍방 간에 타협 없이 실패로 끝나고 말았다. 이 회담에서 유엔 참전국 측은 유엔 감시 아래 남북한 토착인구 비례에 의한 자유민주주의적 총선거로 통일정부를 수립하고, 한국 문제에 대한 유엔의 권위를 인정해야 한다고 요구했다. 그러나 공산 측이 남북한 동수로 구성된 전국선거위원회에 의한 동시 총선거 실시와 유엔군 철수를 주장해, 결국 양측은 합의에 이르지 못했다. 김일성은 정치회의 소집의 중요한 목적이 조선에서 외국 군대 철거 문제라고 합의했음에도 불구하고, 미국이 이승만과 더불어 남한에 미군의 영구 주둔과 정전협정을 파괴할 목적으로 한 한미상호방위조약을 체결했다고 비판했다.

전후 정전체제 아래 주한미군을 비롯해 남한이 보유한

군사적 억제력에도 불구하고, 북한은 지상 군사분계선에서 충돌, 연평 해전, 천안함 폭침, 연평도 포격사건, 핵개발 등과 같이 군사적 도발을 계속해 왔다. 이처럼 무장된 휴전(an armed truce) 속에 정전 후 60년이 지나도록 남북한 사이에는 평화 대신에 분쟁이 계속되고 있다. 이는 1953년 7월 27일 조인된 정전협정이 목표한 바가 아니었을 것이다.

이 때문에 한반도에서 전쟁만 중지되어 있는 '소극적인 평화'보다 남북한 간의 적대 관계를 청산하고 공존공영을 추구하면서 공동의 이익을 위해 상호협력하는 '적극적인 평화'를 구축할 필요가 있다. 휴전 상태는 평화를 약속하지 않는다. 따라서 남북한 사이에 평화체제로의 전환은 정전선, 즉 군사분계선 위주가 아니라 항구적인 평화체제의 구축에 중점을 두어야 한다.

개성공단, 서해안 협력지대, 비무장지대 평화공원

남북 간의 군사적 충돌은 북한 핵문제와 함께 궁극적인 한반도 평화체제 구축에 큰 장애이므로 평화 정착을 위해, 해상경계선을 포함한 군사분계선을 둘러싼 긴장해소가 중요하다. 1990년대 이후에는 지상 비무장지대의 무력 충돌보다는 1999년과 2002년 1~2차 연평 해전, 2010년 천안함 폭침 및 연평도 포격 등 서해에서 갈등이 반복되고 있다.

결국 이를 극복하려면, 무력 도발 없는 평화공존(peaceful coexistence) 의식이 우선되어야 할 것이다. 남북한 사이에 무력 충돌은 어떠한 경우라도 피하겠다는 평화공존에 대한 상호 신뢰가 형성되면, 서해안 및 비무장지대의 평화지대, 한강공동개발 등을 추진할 수 있을 것이다. 북한의 변화를 유도하기 위해 해상분계선의 인정 위에 공동어로구역, 서해 연안 해양평화공원 지정 방안도 적극적으로 논의될 수 있을 것이다. 박근혜 대통령이 제안한 비무장지대 평화공원도 같은 맥락이다. 비무장지대가 제 기능을 회복해야 남북 간 군사충돌을 막고 긴장을 완화시킬 수 있을 것이다.

지상과 해상에서 북한의 계속된 도발 속에서도 남북한 사이에는 정상회담, 고위급회담, 국방장관회담 등이 열렸고 인적 혹은 물적 교류도 활발해졌다. 특히 2003년 6월 착공한 이래 개성공단의 건설은 남북한 평화공존에 매우 큰 시사점을 주었다. 전쟁 중 개성은 남북한이 서로 획득하려다 결국 북한이 차지했다. 전후 북한은 개성을 서부전선 전체를 위한 발판으로 사용하고 있으며, 또한 남한으로 잠입시킬 간첩들의 기지로도 활용한 곳이었다.

그동안 북한 핵개발·천안함 격침 사건 등으로, 개성공단이 중단될 위기를 겪었지만, 이 지역에 공단을 건설하고 남북한이 합작하여, 북한에서 파견된 근로자가 5만 명을 돌파한 것은 남북교류에서 매우 큰 가시적인 성과이다. 특히 김정은 체제에서도 개성공단이 유지되고 있으므로 앞으로 이 공단이 경색된 남북관계의 진전에 기여할 여지가 크다.

정전협정에는 남북한 무력 충돌을 방지하기 위해 비무장지대, 한강 하구 공동관리 등이 규정되어 있다. 한강 하구는 쌍방이 자유통행권을 허용한 수역이나, 실제로 하구를 통행한 경우는 1990년 11월 자유로 개설 자재·장비 운반을 위한 준설선과 예인선 항행과 2005년 11월 한강 전시용 거북선 모형선 항행 등 4차례에 그쳤다. 그러나 이 지역을 비롯해 비무장지대의 평화지대화를 위한 모색은 계속되었다.

2002년 북한이 우라늄 농축 프로그램의 존재를 시인했고, 급기야 2005년 2월 10일 핵 보유 선언과 6자회담 무기한 불참을 선언함으로써, 북핵 위기가 전면에 재등장했다. 이를 타개하기 위해, 2005년 6월 대통령 특사로 북한을 방문한 정동영 통일부 장관은 김정일 국방위원장에게 6자회담 복귀와 제2차 정상회담 논의를 타진했다. 이때 서해상 긴장 완화와 남북 공동의 경제 이익을 위해 서해상 공동어로, 북한에 대한 송전 등을 제안했다.

2006년 해양수산부 개청 10돌을 맞이하여 오거돈 해양부 장관은 2월 12일 서울 계동 청사에서 해양부 업무계획을 발표한 뒤 서해 접경 연안인 한강 하구~백령도 이웃 지역을 국제 해양평화공원으로 지정하는 방안을 적극 추진 중이라고 밝혔다. 오 장관은 "이 해역이 한반도 평화 조성과 통일 노력 등을 대변할 수 있는 상징적인 지역"이라면서 "해양 환경과 생태계 보전 협력 분야 등에서 남북간 협력 가능성이 높다"라고 말했다. 서해상 공동어로 제안은 이미 1982년 2월 1일 손재식 국토통일원 장관이 발표한 '민족화합통일방안'을 실현하기 위한 20개 시범사업에 포함되어 있다.

이어서 2006년 4월 22일 제18차 남북장관급회담에서 남측 수석대표인 이종석 통일부 장관은 평양시내 고려호텔에서 열린 제1차 전체회의에서 기조발언을 통해 "실사구시적인 새로운 협력사업의 하나로 정전협정상 중립수역인 한강 하구의 일정 유역을 경제적으로 활용해 나가는 방안을 제안한다"라고 밝혔다. 즉 수도권 골재난 해소, 임진강 홍수 피해 완화, 군사적 긴장 완화를 위한 '한강 하구 공동이용' 사업을 북측에 제의했다. 또 2006년 6월 6일 열린 제12차 남북경제협력추진위원회에서 한강 하구 골재 채취 사업을 군사적 보장 조치가 취해지는 대로 협의하여 추진하기로 했다.

이러한 일련의 흐름 속에서 2007년 10월 4일 남북정상회담에서 서해 평화지대, 한강 하구 개발 등이 구체적으로 논의되었다. 2007년 남북정상선언 중 군사 분야와 관련된 합의 사항으로는 ① 2007년 11월 중 평양에서 남북국방장관회담을 개최하여 서해상 평화정착과 군사적 신뢰구축 방안을 마련하기로 했고 ② 상호 적대시하지 않고 군사적 긴장을 완화하며 분쟁 문제들을 대화와 협상을 통해 해결하고 불가침 의무를 확고히 준수하기로 했으며 ③ '서해평화협력특별지대'를 설치하기로 합의함에 따라 공동어로 구역 및 평화수역 설정, 민간 선박의 해주 직항로 통과, 한강 하구 공동이용 등을 적극 추진하기로 한 점 등을 들 수 있다. 즉 서해평화협력특별지대는 공동어로 구역 외에 해주 경제특구 건설과 해주항 활용, 한강 하구 공동이용, 민간 선박의 해주 직항로 통과 등이 포함되었다. 노무현 전 대통령은 당시 가장 공을 들인 것이 '서해평화협력특별지대'라고 회고했다.

남한 내부에서도 북방한계선을 둘러싼 갈등이 있지만, 현 북방한계선의 인정 위에 '서해평화협력특별지대'를 건설하고 한강 하구를 공동 개발하는 등 남북한이 노력한다면 비무장지대나 서해 북방한계선 일대와 같은 갈등 지역이 평화 공존 지역으로 바뀔 수 있을 것이다.

불가침협정 및 평화체제 구축

한반도 평화정착을 위해 북핵 문제, 평화체제 구축 등 아직도 해결해야 할 과제가 많이 있다. 한반도 평화체제의 수립은 전쟁 상태의 종결선언 혹은 평화협정 체결을 통해 지난 60년간의 정전 상태를 평화 국면으로 전환하는 것을 의미한다. 한반도의 평화체제를 위해서는 북한의 핵 불능화에 이어 북한과 미국 관계정상화, 남북한 정상회담, 평화체제 구축 단계 등을 밟을 수 있을 것이다. 평화체제의 기본 틀에는 전쟁 상태 종결과 평화 상태로의 회복 선언, 정전체제 관리기구의 해체 및 평화관리기구의 설치 등의 제도화 역시 필요하다.

남북한은 전쟁을 겪었고 전후에도 계속된 갈등과 충돌을 통해 오랫동안 서로 불신의 장벽을 쌓아 왔다. 그러므로 평화체제의 구축이 단기간에 이루어지기는 어려울 것이다. 최근에는 정전협정 체제의 가장 큰 위협은 북한의 핵무장이다. 이미 1990년대부터 북한은 핵무장을 시작했다.

따라서 평화체제의 구축은 남북한 간의 정치 군사적 신뢰 구축이 선행되어야 한다. 정전의 의미는 한반도 문제를 무력으로 해결하는 것이 무모하다는 국제사회의 합의이고, 그것이 한국 전쟁의 교훈이기도 하다. 그럼에도 불구하고 천안함 피격 사건, 연평도 포격 사건에서 보듯이 전쟁이 발발한 지 60년이 넘도록 남북한 사이에는 무력 충돌의 가능성이 언제든지 잠재되어 있다. 통일 이전에 평화 공존을 모색하기 위한 불가침협정이 요청된다. 남북통일이 장기적 과제이며, 한반도에서 평화를 보장하는 것이 우선이라는 입장에서는 더더욱 불가침협정에 적극적일 필요가 있다.

북한이 미국과 평화협정 체결을 강조한 것은 미국이 "교전 일방국이며 정전협정의 실제적 당사자이고, 남한에서 군사통수권을 비롯한 실권을 장악하고 있다"는 입장이기 때문이다. 그러나 실제로는 미군 철수를 위해, 남북평화협정이 1973년부터 북미평화협정으로 대체되어 갔다. 1980년 9월 '미국친우봉사위원회'가 북한을 방문할 때 북한 측이 가장 시급하게 생각하는 문제는 정전협정을 평화협정으로 바꾸는 것이라고 말했다. 이때 평화협정의 체결은 미군의 철수를 필요로 한다는 점을 전했다. 1996년 2월 22일 북한 외교부 대변인은 한반도에서 무장충돌과 전쟁을 막기 위한 최소한의 제도적 장치라도 시급히 마련하기 위해 미국과 잠정협정 체결을 주장했다.

북한 측은 불안정한 정전협정 대신에 평화협정을 제의하면서, "한반도에서 항시적인 긴장 상태의 근원이 되는 외국군의 내정간섭을 하루바삐 종식시키고 민족의 내부 문제를 조선 사람들 자신의 손으로 해결하는 데 유리한 국면을 놓기 위한 정당한 방안"이라고 주장했다. 그런데 미국과 북한의 평화협정은 주한미군 문제를 포함시키고 한국과 중국을 배제하는 등 실현 과정에 논란이 많다. 이미 민족 공조를 내세우면서 미국과 불가침협정, 평화협정 체결을 강조하는 모순적 행동을 보이고 있다.

또한 북한 측이 1960년 8월 김일성이 8·15 경축대회에서 처음으로 연방제 실시를 제안한 이래, "남과 북 사이에는 55년 동안이나 존재하여 온 서로 다른 두 제도와 관련된 이질성이 있지만, 수천 년을 내려오면서 형성·공고화된 민족적 공통성을 기초로 한다면 두 제도는 얼마든지 하나의 민족, 하나의 통일국가 안에서 서로 자기의 리익을 침해당함이 없이 공존할 수 있다"고 지적하면서 "하나의 민족, 하나의 국가, 두 개 제도, 두 개 정부에 기초한 연방제 방식으로 통일하는 것은 조선의 구체적 실정에 맞는 조국 통일방도의 대원칙이며, 유일한 통일방안"이라고 강조했다. 그러나 북한의 통일전선전술에 대한 우려 때문에 연방제에 대한 남한의 불신이 크다.

이에 비해 불가침선언 혹은 협정은 이미 남북한이 수차례 제의했던 것이고, 남북기본합의서에서도 일부 합의를 봤던 내용이다. 1974년 1월 18일 박정희 대통령은 "무력 침략 포기 약속, 상호 내정간섭 금지, 현행 휴전협정 준수" 등을 주요 내용으로 하는 불가침협정을 제의했다. 이후 1974년 9월 남북조절위원회 제8차 부위원장 회담을 통해 북한 측에 남북불가침협정 체결의 수락을 촉구했다. 1988년 10월 18일 노태우 대통령이 유엔총회 연설에서 "남북 정상회담에서 남북한 간의 기본적인 상호 신뢰와 안전보장의 틀을 마련한다는 견지에서 불가침 또는 무력 불사용에 합의하고 이를 공동으로 선언할 것"을 제의했다.

그러나 북한 측은 이를 거부하고, 남북연방제 실시, 평화협정 체결, 미군 철수 등을 요구했다. 북한 측이 전후 내세운 남북 간, 혹은 북한과 미국 간 평화협정 논의는 간단히 해결되지 못할 전제 조건이 있었다. 이미 1955년 8월 14일 해방 10주년 경축사에서 김일성은 남북 군축, 불가침선언과 함께 외국군 철수를 제안했다. 1962년 6월 북한 최고인민회의 제2기 회의에서 남북 간의 평화협정 체결을 언급하면서 미군 철퇴, 남북 군대 감축 등을 주장했다.

북한 측은 남북한 불가침선언과 대미 평화협정을 주장했다. 1984년 1월 10일 북한 중앙인민위원회와 최고인민회의 연합회의에서, 한국과 미국 정부와 의회에 대미 평화협정 체결 제의와 남북한 불가침선언을 채택하자고 제의했다. 이어서 1990년 10월 17일 제2차 고위급회담에서 북한 연형묵 총리는 "평화를 보장하기 위해 북과 남 사이에 불가침선언을 채택하고 조선과 미국 사이에 평화협정의 체결을 제안"하면서, 남한에서 핵무기와 미국 군대의 철수를 요구했다.

2002년 10월 25일 북한 외무부 대변인은 "부시 행정부가 우리를 악의 축으로 규정하고 핵 선제 공격 대상에 포함시킨 것은 명백히 우리에 대한 선전 포고"라고 규정하면서 "조선반도에 조성된 엄중한 사태를 타개하기 위하여 우리는 조·미 사이에 불가침조약을 체결하는 것이 핵문제 해결의 합리적이고 현실적인 방도로 된다고 인정한다"라고 제안했다. 미국이 불가침조약을 통해 북한에 대한 핵 불사용을 포함한 불가침을 법적으로 확약한다면 그들도 미국의 안보상 우려를 해소할 용의가 있다는 것이었다.

남북 불가침협정 체결과 이를 미·중·일·러 등의 보장론이 더 바람직하다. 이는 남북기본합의서가 남·북한만으로는 준수되지 않았던 약점을 보완하고, 정전체제를 유지해 온 유엔을 통한 국제보장의 뜻을 이으면서 국제관계의 역학관계를 반영한 것이다. 이를 토대로 핵문제, 주한미군 등을 포함한 평화협정을 체결할 수 있을 것이다.

끝으로 새로운 합의서나 협정 체결도 한반도 평화를 위한 또 하나의 진전이겠지만, 이왕의 합의들을 실천함으로써 상호 신뢰구축 속에서 평화를 완성하도록 해야 한다.

참고문헌

국방부 전사편찬위원회,『휴전사』, 1989.

김계동,『한반도의 분단과 전쟁』, 서울대출판부, 2000.

김보영,『휴전회담연구』, 한양대 박사학위논문, 2008.

김상원 외,『6·25전쟁사』11, 군사편찬연구소, 2013.

김학준,『한국전쟁』, 박영사, 2010.

대한국제법학회·한국국제정치학회 공편,『정전체제60년』, 상상가가, 2013.

션즈화, 최만원 옮김,『마오쩌둥, 스탈린과 조선전쟁』, 선인, 2010.

양영조,『한국전쟁 이전 38선 충돌』, 국방군사연구소, 1999.

와다 하루키, 서동만 옮김,『한국전쟁』, 창작과비평사, 1999.

윌리엄 스톡, 김형인 외 옮김,『한국전쟁의 국제사』, 푸른역사, 2001.

조성렬,『한반도평화체제』, 푸른나무, 2007.

조성훈 편,『한국전쟁사의 새로운 연구』1~2, 군사편찬연구소, 2001.

조성훈,「6·25 전쟁 휴전협상 중 남한출신 의용군 문제 누락배경과 해결방안」,『통일문제연구』23-1, 평화문제연구소, 2011.

_____,「국군포로 문제의 발생과 송환방안 모색」,『한반도 군비통제』43, 2008. 6.

_____,『군사분계선과 남북한 갈등』, 군사편찬연구소, 2011.

_____,『한국전쟁과 포로』, 선인출판사, 2010.

중국군사과학원,『중국군의 한국전쟁사』1~3, 군사편찬연구소, 2002~2004.

한국전쟁납북사건자료원,『한국전쟁납북사건사료집』1~2, 2006, 2009 등.

홍용표,「1954년 제네바회의와 한국전쟁의 정치적 종결 모색」, 한국정치외교사학회,『한국정치외교사논총』28-1, 2006.

큰글자 살림지식총서 104

정전협정

펴낸날	초판 1쇄 2015년 1월 26일

지은이	조성훈
펴낸이	심만수
펴낸곳	(주)살림출판사
출판등록	1989년 11월 1일 제9-210호

주소	경기도 파주시 광인사길 30
전화	031-955-1350 팩스 031-624-1356
기획 · 편집	031-955-4671
홈페이지	http://www.sallimbooks.com
이메일	book@sallimbooks.com

ISBN	978-89-522-3072-0 04080

※ 이 책은 큰 글자가 읽기 편한 독자들을 위해
   글자 크기 15포인트, 4×6배판으로 제작되었습니다.